창의적

개정판

컴퓨팅

창의적

한양대학교 소프트웨어교육위원회 편

개정판

컴퓨팅

한양대학교 출판부

머리말

한양대학교 창의융합교육원 소프트웨어 위원회에서는 이번에 비전공자와 프로그래밍을 입문하는 학생들을 대상으로 컴퓨팅적 사고와 컴퓨터 프로그래밍에 대해서 잘 이해하고 보다 흥미를 갖도록 돕기 위해 〈창의적 컴퓨팅〉 개정판 교재를 개발하게 되었습니다.

특히 본 교재에는 기존의 창의적 컴퓨팅 교재에서 다루고 있는 파이썬 프로그래밍 문법과 코드 실습 예제들을 포함하여 새롭게 인스타 그램에서 특정 인물의 팔로워 수를 가지고 인스타 그램 순위를 검색하는 예제를 주요 코딩 예제로 다루면서 학생들이 보다 흥미를 갖고 코딩에 입문할 수 있도록 내용을 추가하였습니다.

또한 아직 한번도 프로그래밍을 접해보지 않은 학생들이 보다 쉽고 재미있게 컴퓨터 프로그래밍과 친숙해질 수 있도록 교재 초반에는 그래픽 기반의 블록 코딩 프로그램인 엔트리로 코딩하는 것부터 시작하였습니다.

엔트리 블록 코딩을 통해서 프로그래밍의 원리를 이해해보고 알고리즘을 구현해보면서 자신감을 갖게 되면, 이후에 나오는 텍스트 기반 파이썬 프로그래밍을 공부할 때 좀 더 쉽게 이해할 수 있게되고 파이썬 프로그래밍도 재미있게 잘 따라서 학습할 수 있을 것입니다.

여러분이 이 교재의 내용을 따라 차근차근 학습하다 보면 어느새 컴퓨터 프로그래밍에 대해서 잘 이해하게 되고 또 프로그래밍에 대한 많은 흥미와 자신감도 갖게 되리라 확신합니다.

마지막으로 창의적 컴퓨팅 개정판 교재를 개발하는 데 여러 조언과 도움을 주신 한양대학교 창의융합교육원 소프트웨어위원회와 한양대학교 출판부에 깊은 감사를 드립니다.

차례

머리말 004

1 **컴퓨팅적 사고란?** 009

1.1. 추상화 012

1.2. 알고리즘 014

1.3. 의사코드 017

2 **프로그램 흐름 제어** 029

2.1. 순차 흐름 033

2.2. 함수 038

2.3. 조건 흐름 042

2.4. 반복 흐름 054

2.5. 알고리즘 성능 비교 066

3 **파이썬 프로그래밍** 071

3.1. 파이썬이란? 074
- 실습 예제 087

3.2. 자료형과 형변환 함수 089
- 실습 예제 102

3.3. 함수 105
- 실습 예제 117
- 순차 코드 실습 121

3.4. 지역변수 VS 전역변수 122
- 실습 예제 129

3.5. 연산자 131
- 실습 예제 138

3.6. 조건문 140
- 실습 예제 148

3.7. 모듈과 라이브러리 153
- 실습 예제 165

3.8. 반복문 1 168
- 실습 예제 178

3.9. 반복문 2 181
- 실습 예제 201

3.10. 객체지향 프로그래밍 203

맺음말 213

Chapter 1

컴퓨팅적 사고란?

컴퓨팅적 사고란, 문제 해결 과정을 이해하고, 컴퓨터 프로그래밍을 통해 그 문제를 해결하기 위한 핵심적인 능력입니다. 이를 이해하기 위해서는 컴퓨터 프로그래밍의 본질을 파악하는 것이 중요합니다.

그림 1 입력 - 블랙박스 - 출력

프로그램이란 어떤 입력에 대해 원하는 출력을 생성하는 과정입니다. 이것은 마치 '블랙박스'와 같다고 생각할 수 있습니다. 여기서 입력은 우리가 해결하고자 하는 문제에 해당하며, 출력은 그 문제를 해결한 결과물입니다. 즉, 컴퓨터 프로그램은 블랙박스 내부에서 입력을 처리하고 원하는 출력을 생성하는 방법을 정의합니다. 이 과정에서 중요한 것은 블랙박스 내부의 동작 방식, 즉 어떻게 문제를 해결하는지를 이해하는 것입니다. 이것이 바로 컴퓨터 프로그래밍이자 "컴퓨팅적 사고"의 핵심 개념 중 하나입니다. 그러면 이제 컴퓨팅적 사고를 위해서는 어떠한 것들이 있는지 알아봅시다.

01

추상화 (Abstraction)

컴퓨팅적 사고를 위한 첫 번째 개념으로, '추상화'에 대해 살펴보겠습니다. 프로그래밍은 주어진 입력에 대한 출력을 결정하는 과정으로 생각할 수 있습니다. 이 과정은 블랙박스라고 표현이 되기도 합니다. 그런데, 프로그램을 사용할 때는 블랙박스가 어떻게 구현되어 있는지는 알 필요가 없습니다. 그저 입력과 출력이 어떤 식으로 이뤄지는지만 알면 되는 것이죠.

표 1 추상화 예시 (자동차 페달 – 엔진 관계)

페달

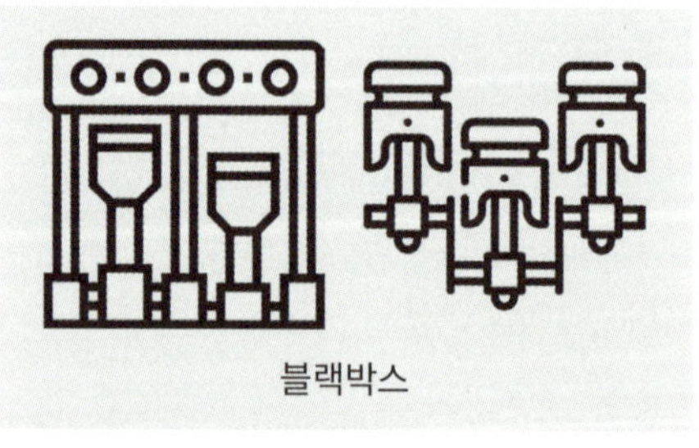

엔진 구조

추상화는 우리 일상생활에서도 찾아볼 수 있습니다. 자동차를 예로 들어보겠습니다. 우리가 자동차를 운전할 때, 엔진이나 자동차의 내부 작동 원리를 모두 알 필요는 없습니다. 가속, 감속, 그리고 브레이크와 같은 몇 가지 기본 동작만 알면 운전을 할 수 있습니다. 이렇게 자동차의 복잡한 내부를 숨기고 필요한 기능만 제공하는 것이 추상화입니다.

이러한 '추상화'는 문제를 단순화하고 핵심을 요약하는 개념입니다. 이 추상화는 복잡성을 다루기 위한 핵심 원리로서, 프로그래밍에서 중요한 역할을 합니다. 우리는 복잡한 세부 구현 방식을 모르더라도 특정 입력을 통해 원하는 결과를 출력하는 함수(Function)를 만들 수 있습니다.

다음은 앞으로 배우게 될 '엔트리'라는 블록 코딩을 통해 구현된 함수 추상화 예제입니다.

표 2 추상화 예시 – 엔트리 코드

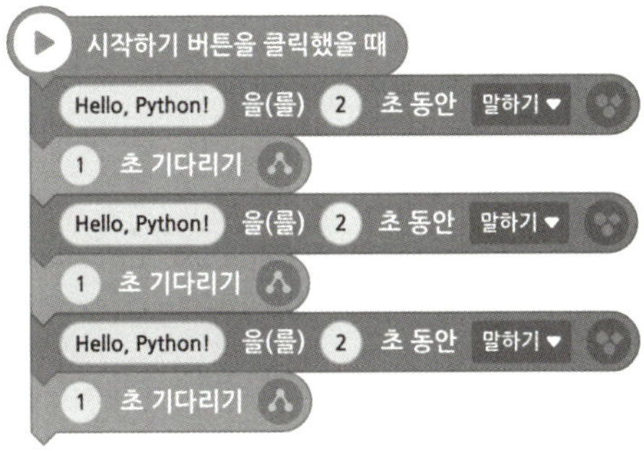

<기본 코드>

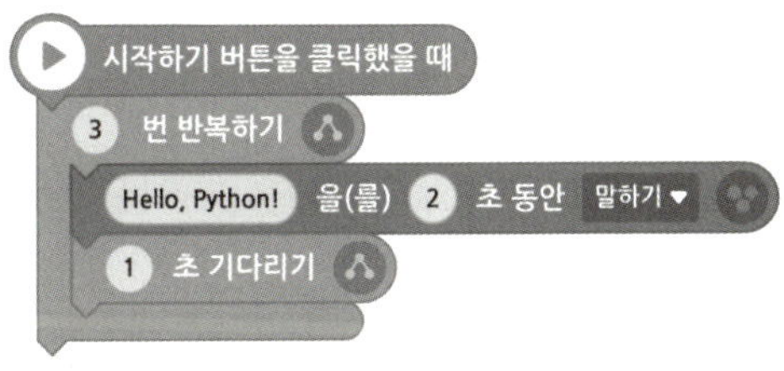

반복문을 사용한 <추상화된 코드>

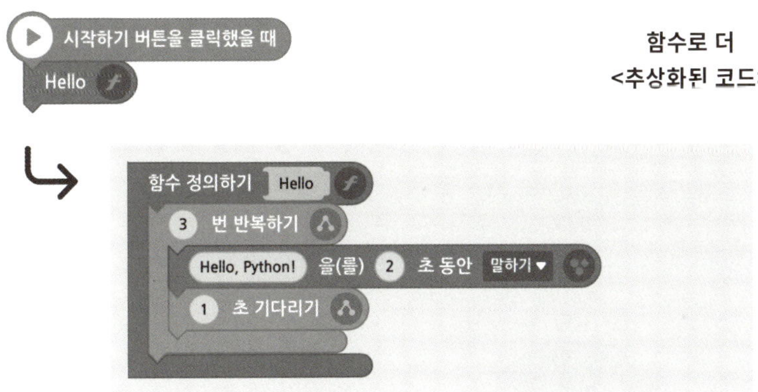

함수로 더 <추상화된 코드>

함수(Function)는 프로그래밍에서 추상화의 대표적인 예입니다. 따라서 블랙박스는 추상화를 통해 세부 사항을 감추고 필요한 기능을 제공하는 함수라고 볼 수 있고, 프로그래밍은 이러한 블랙박스를 만드는 과정이라고 할 수 있습니다.

02

알고리즘 (Algorithm)

컴퓨팅적 사고에 필요한 다음 개념은 바로 알고리즘입니다. 알고리즘은 무엇일까요? 간단히 말하면, 알고리즘은 문제를 해결하기 위한 단계별 지침입니다. 프로그래밍에서 가장 중요한 개념 중 하나인 이 알고리즘을 우리는 한 번 인스타그램 예제를 통해서 얼마나 중요한지 알아봅시다.

인스타그램 특정 인물의 팔로우 순위를 검색하는 것을 구현해보겠습니다. 이 주제는 이후에도 실습으로도 나올 것이기에 후에 블록 코딩이나 파이썬 프로그래밍 언어를 사용해 직접 구현해보는 것이 좋을 것입니다.

먼저, 어떻게 순위를 검색할 수 있을까요? 현재 우리가 아는 것은 특정 인물과 그 인물의 팔로우 수만을 알고 있다고 가정합시다. 다음은 '김한양'이라는 가상의 인물을 예시로 들어보겠습니다.

표 3 홍길동 인스타그램 예시

	김한양	**팔로우**
	@hanyang_kim	8,090만

만약 우리가 프로그램을 작성하지 않고 수동으로 검색한다면, 순위표 위에서부터 하나씩 비교해 볼 수 있겠죠. 팔로우 수가 1위인 인물부터 시작하여 원하는 인물을 찾을 때까지 검색합니다.

표 4 인스타그램 순위표 예시

순위	이름	팔로우 수	검색 횟수
1	Instagram	6.51억	1
2	유명인 A	6.01억	2
3	유명인 B	5.88억	3
…	…	…	…
46	유명인 C	8,214만	46
47	**김한양**	**8,090만**	**47**
…	…	…	

하지만 이 방법은 매우 느릴 수 있습니다. 하나씩 검색하면 많은 시간이 소요되겠죠. 그러면 보다 효율적인 방법은 무엇일까요?

예를 들어, 우리가 1부터 50위까지의 팔로우 수가 나열된 순위표가 있다고 가정해봅시다. 중간 지점에서 검색을 시작해보는 것은 어떨까요? 중간 지점의 팔로우 수를 확인하고, 우리가 찾는 인물의 팔로우 수와 비교합니다.

표 5 인스타그램 순위 이진탐색 예시 1

순위	이름	팔로우 수	검색 횟수
…	…	…	…
25	**유명인 D**	**1.69억**	**1**
…	…	…	

만약 중간 지점의 팔로우 수가 우리가 찾는 인물의 팔로우 수보다 낮다면, 중간 지점보다 아래에 있는 것으로 간주할 수 있습니다. 그리고 중간 지점보다 위에 있다면, 팔로우 수가 더 많으므로 위쪽 부분에서 다시 검색을 시작할 수 있습니다. 현재 여기서는 중간 지점인 25위를 검색했을 때, 팔로우 1.69억보다 낮으므로, 아래 범위만 다시 탐색하면 됩니다.

표 6 인스타그램 순위 이진탐색 예시 2

순위	이름	팔로우 수	검색 횟수
…	…	…	…
38	유명인 E	9,871만	2
…	…	…	

그렇다면 다시 26~50위까지의 중간 지점인 38위를 검색해봅시다. 다시 보았더니 9,871만으로 여전히 검색하고자 하는 8,090만보단 많습니다. 다시 한번 탐색해보죠.

표 7 인스타그램 순위 이진탐색 예시 3

순위	이름	팔로우 수	검색 횟수
…	…	…	…
44	유명인 F	8,280만	3
…	…	…	

39위부터 50위까지의 중간인 44위를 검색하면 8,280만으로 아직도 '김한양'의 팔로우 수보다는 많습니다. 다시 아래 범위를 탐색해봅시다.

표 8 인스타그램 순위 이진탐색 예시 4

순위	이름	팔로우 수	검색 횟수
…	…	…	…
47	김한양	8,090만	4
…	…	…	

이번에는 45~50위의 중간인 47위를 검색했습니다. 팔로우 수가 8,090만으로 김한양의 순위가 47위임을 찾아냈습니다! 이미 위에서 순차적으로 비교했을 때와 결과는 같지만, 47번 비교해보며 검색했던 것과 달리, 네 번 만에 탐색이 끝났습니다.

이런 식으로 중간에서 시작해서 검색 범위를 조절해가며 탐색을 진행하면, 훨씬 빠르게 검색할 수 있습니다. 이것이 알고리즘의 핵심이라고 할 수 있습니다. 알고리즘은 문제를 해결하기 위한 효율적인 절차를 정의하는 것입니다.

03

의사코드 (Pseudo Code)

의사코드(Pseudo Code)는 추상화, 알고리즘과 더불어 프로그래밍에서 중요한 개념 중 하나입니다. 앞에서 우리는 알고리즘을 배웠는데요, 이 알고리즘을 구체화하고 표현하기 위해 사용되는 것이 의사코드입니다. 의사코드는 우리가 일상 언어를 사용하여 알고리즘을 기술한 것을 말합니다.

예시로, 인스타그램 순위를 검색하는 이진탐색 알고리즘을 의사코드로 표현해보겠습니다.

표 9 의사코드 – 서술어 강조

```
1. 인스타그램 순위표를 가져온다.
2. 인스타그램 순위에서 중간 순위를 확인한다.
3. 만약 특정 인물이 순위에 있으면
4.         특정 인물의 순위를 확인한다.
5. 그렇지 않고, 만약 특정 인물의 팔로워 수가 중간 순위의 팔로워 수보다 많으면
6.         인스타그램 순위표의 중간 순위 위쪽 절반에서의 다시 중간 순위를 확인한다.
7.         2번 행으로 간다.
8. 그렇지 않고, 만약 특정 인물의 팔로워 수가 중간 순위의 팔로워 수보다 적으면
9.         인스타그램 순위표의 중간 순위 아래쪽 절반에서의 다시 중간 순위를 확인한다.
10.        2번 행으로 간다.
11. 그렇지 않으면
12.        종료한다.
```

위 의사코드에서 강조된 서술어들은 각각의 동작으로 볼 수 있고, 순위를 가져오거나 순위를 확인하는 동작들은 함수로 구현될 수 있습니다. 즉, 액션(action) 혹은 동사(verb)로 표현되는 부분을 이제부터 "함수"라고 부르겠습니다.

표 10 의사코드 – 조건문 강조

1. 인스타그램 순위표를 가져온다.
2. 인스타그램 순위에서 중간 순위를 확인한다.
3. 만약 특정 인물이 순위에 있으면
4.   특정 인물의 순위를 확인한다.
5. 그렇지 않고, 만약 특정 인물의 팔로워 수가 중간 순위의 팔로워 수보다 많으면
6.   인스타그램 순위표의 중간 순위 위쪽 절반에서의 다시 중간 순위를 확인한다.
7.   2번 행으로 간다.
8. 그렇지 않고, 만약 특정 인물의 팔로워 수가 중간 순위의 팔로워 수보다 적으면
9.   인스타그램 순위표의 중간 순위 아래쪽 절반에서의 다시 중간 순위를 확인한다.
10.   2번 행으로 간다.
11. 그렇지 않으면
12.   종료한다.

조건을 나타내는 "만약 ~하면", "그렇지 않고, 만약 ~하면", "그렇지 않으면" 부분은 앞으로 의사코드에서 "조건부(Conditional)"라고 부를 것입니다.

표 11 의사코드 – Boolean Expression 강조

1. 인스타그램 순위표를 가져온다.
2. 인스타그램 순위에서 중간 순위를 확인한다.
3. 만약 특정 인물이 순위에 있으면
4.   특정 인물의 순위를 확인한다.
5. 그렇지 않고, 만약 특정 인물의 팔로워 수가 중간 순위의 팔로워 수보다 많으면
6. ••••••• 인스타그램 순위표의 중간 순위 위쪽 절반에서의 다시 중간 순위를 확인한다.
7. ••••••• 2번 행으로 간다.
8. 그렇지 않고, 만약 특정 인물의 팔로워 수가 중간 순위의 팔로워 수보다 적으면
9. ••••••• 인스타그램 순위표의 중간 순위 아래쪽 절반에서의 다시 중간 순위를 확인한다.
10. ••••••• 2번 행으로 간다.
11. 그렇지 않으면
12. ••••••• 종료한다.

“특정 인물이 순위에 있으면”, “특정 인물의 팔로워 수가 중간 순위의 팔로워 수보다 많으면”, “특정 인물의 팔로워 수가 중간 순위의 팔로워 수보다 적으면”으로 표현되는 부분을 “불린 표현식(Boolean expressions)”라고 부를 것입니다. 이 불린 표현식은 불린 상수인 참(True) 또는 거짓(False), 불린 유형 변수, 불린 값 연산자 및 불린 값 함수의 조합으로 구성될 수 있습니다.

들여쓰기 된(•••••••)부분은 바로 위의 조건부 안의 불린 표현식이 참이면 수행합니다. 이후에 배울 파이썬 코드 같은 경우엔 특히 들여쓰기가 더욱 중요합니다. 이 들여쓰기 된 문장 바로 위의 조건부가 참일 경우에만 동작이 되기 때문입니다.

예를 들어 위에 1~3번 행은 들여쓰기가 되어 있지 않으므로 바로 수행이 됩니다. 하지만 4, 6, 7, 9, 10, 12번 행은 다 들여쓰기가 되어 있으므로 위의 조건부가 참이어야만 수행이 됩니다.

표 12 의사코드 – 반복문 강조

```
1. 인스타그램 순위표를 가져온다.
2. 인스타그램 순위에서 중간 순위를 확인한다.
3. 만약 특정 인물이 순위에 있으면
4.        특정 인물의 순위를 확인한다.
5. 그렇지 않고, 만약 특정 인물의 팔로워 수가 중간 순위의 팔로워 수보다 많으면
6.        인스타그램 순위표의 중간 순위 위쪽 절반에서의 다시 중간 순위를 확인한다.
7.        2번 행으로 간다.
8. 그렇지 않고, 만약 특정 인물의 팔로워 수가 중간 순위의 팔로워 수보다 적으면
9.        인스타그램 순위표의 중간 순위 아래쪽 절반에서의 다시 중간 순위를 확인한다.
10.       2번 행으로 간다.
11. 그렇지 않으면
12.       종료한다.
```

마지막으로 아래와 같이 “2번 행으로 간다”로 표현되는 부분은 어떤가요? 2번 행은 다시 위로 가는 “2번 행으로 간다”를 실행하는 행보다 위에 있습니다. 즉, 다시 위로 2번 행으로 가서 밑으로 오고, 다시 또 2번 행으로 가면 위에서부터 내려오며 실행하고, 계속해서 2번 행부터 “2번 행으로 간다”가 있는 행까지 그사이를 반복하게 됩니다. 그래서 이런 것들은 앞으로 코드에서 “반복문(Loops)”이라고 부르도록 하겠습니다.

이러한 의사코드를 통해 우리는 알고리즘의 구조와 흐름을 이해하고 나중에 실제 프로그래밍 언어(C언어, 파이썬 등)로의 코딩을 준비할 수 있습니다. 이제 컴퓨팅적 사고를 위해 배웠던 개념들, 추상화, 알고리즘, 의사코드 등 이것들을 실제로 적용해보기 위해 먼저 ‘엔트리(Entry)’라는 블록 코딩으로 넘어가 봅시다.

엔트리로 블록코딩 시작하기

엔트리 시작하기 (온라인)

그림 16 엔트리 구글 검색

https://playentry.org 로 직접 접속하거나, 네이버 또는 구글에 "엔트리"로 검색하여 바로 엔트리 사이트로 이동할 수 있습니다.

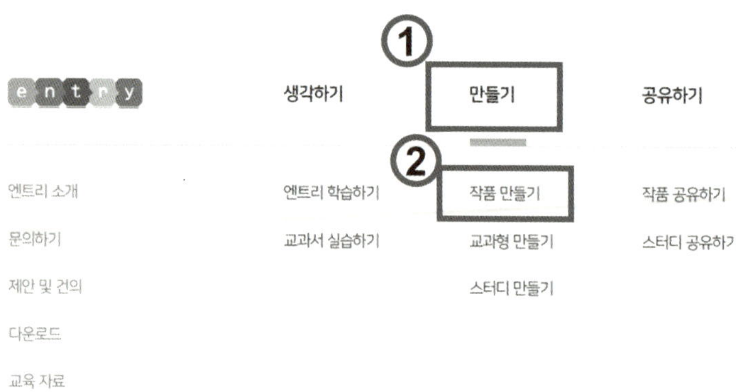

그림 17 엔트리 시작하기 (온라인)

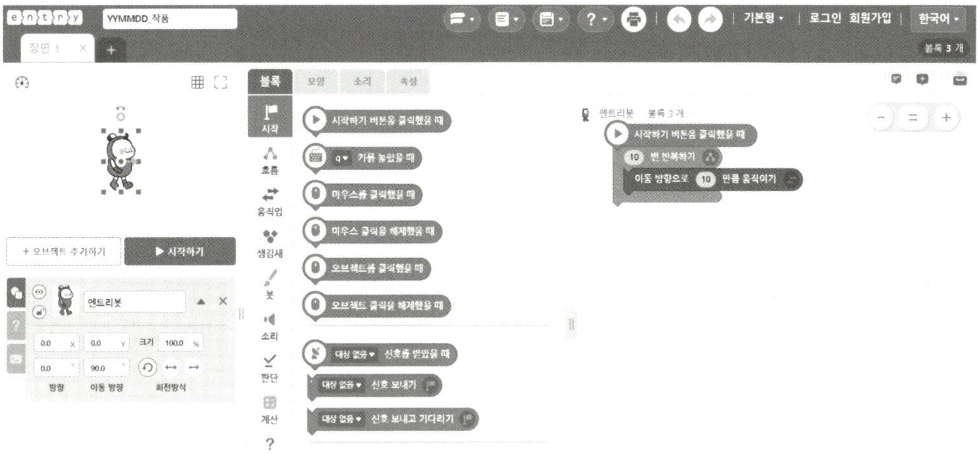

그림 18 엔트리 블록 코딩 페이지

엔트리 홈페이지에서 "만들기 – 작품 만들기" 순서로 들어가면 바로 블록 코딩을 할 수 있는 페이지로 이동합니다. 이렇게만 하면 바로 프로그래밍을 할 준비를 끝냈습니다! 참 쉽죠?

엔트리 시작하기 (오프라인)

그림 19 엔트리 다운로드 페이지 이동

인터넷이 잘 안되는 환경에서는 온라인으로 접속이 되지 않거나 클라우드에 저장할 수 없는 불편함 때문에 오프라인 프로그램을 선호하는 분들도 있을 것입니다. 엔트리는 오프라인 프로그램도 제공하고 있기에 다운받아 설치하시면 됩니다. 먼저 홈페이지에서 상단의 엔트리 로고에 마우스를 올려두면, 상세메뉴가 나오며 "다운로드"를 누르면 프로그램을 다운받을 수 있는 페이지로 이동합니다.

여기서 각자의 운영체제(Windows, macOS)에 맞게 다운로드 후, 설치하시면 되겠습니다.

그림 20 엔트리 다운로드

엔트리 인터페이스

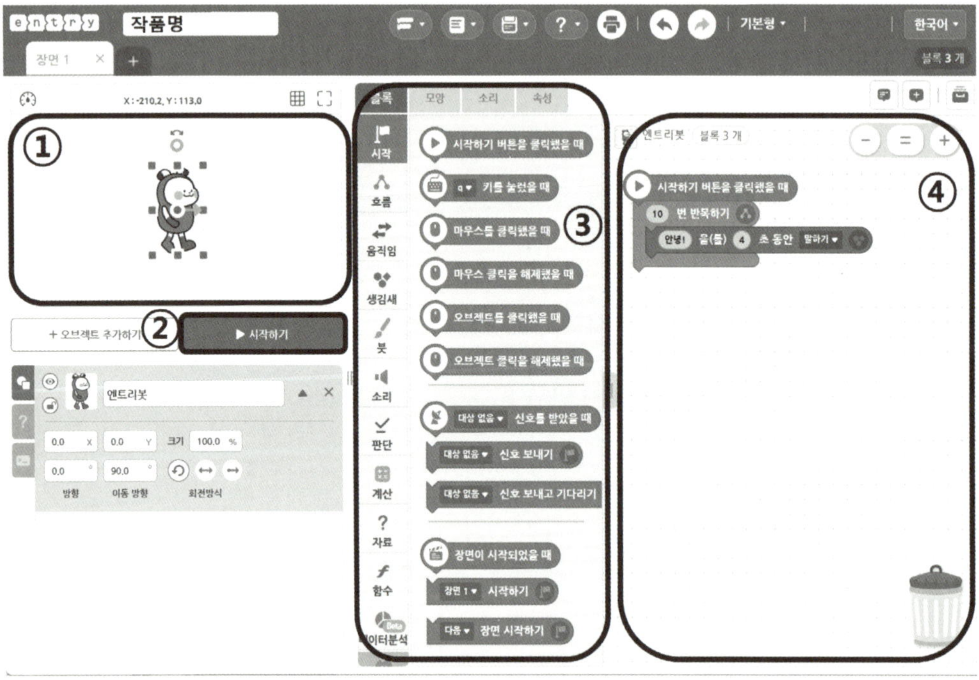

그림 21 엔트리 인터페이스

① 실행화면

② 실행(시작하기) 버튼

③ 블록 꾸러미

④ 블록 조립소

실습 1

프로그램 시작

	• 시작하기 버튼을 클릭했을 때 실행할 블록들을 연결해 준다.

출력하기

	• 생김새 → '말하기' 블록

질문하고 대답 입력받기

	• 자료 → '묻고 대답 기다리기' 블록 • '안녕!'을 '이름이 뭐예요?'로 수정

전체 코드 블록 및 출력 결과

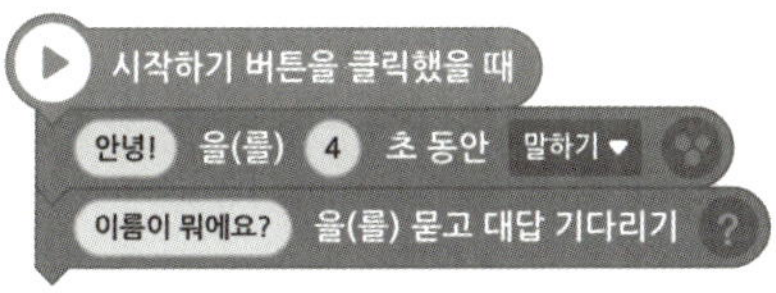

출력 결과	확인
	• "안녕!" 출력
	• "이름이 뭐예요?" 질문 후, 입력받기 • 하이리온 입력

출력 결과	확인
	• '대답'에 "하이리온"저장된 것 확인

실습 2

질문하고 대답 입력받기

블록	설명
[이름이 뭐예요?] 을(를) 묻고 대답 기다리기	• 자료 → '묻고 대답 기다리기' 블록 • '안녕!'을 '이름이 뭐예요?'로 수정

출력하기

블록	설명
[안녕!] 을(를) [4] 초 동안 [말하기▾] [대답]	• 생김새 → '말하기' 블록 • '안녕!'에 자료 → '대답' 블록을 넣기
[대답] 을(를) [4] 초 동안 [말하기▾]	• 입력받은 대답을 4초동안 말하기 블록이 완성

전체 코드 블록 및 출력 결과

```
시작하기 버튼을 클릭했을 때
  [이름이 뭐예요?] 을(를) 묻고 대답 기다리기
  [대답] 을(를) [4] 초 동안 [말하기▾]
```

출력 결과	확인
	• "이름이 뭐예요?" 질문 후, 대답 기다리기 • "하이리온" 입력

출력 결과	확인
	• ‘대답’에 “하이리온” 저장 • “하이리온” 출력

실습 3

변수 (Variable)

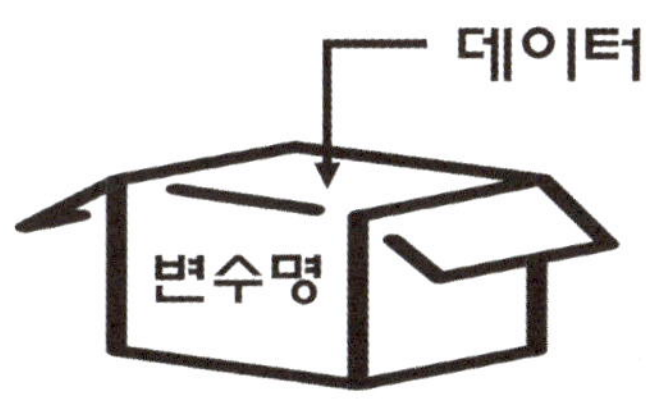

변수란 값들을 저장하는 공간으로 생각할 수 있습니다. 이것은 블록 코딩에서도 사용되지만, 앞으로 배울 파이썬과 같은 텍스트 기반의 프로그래밍 언어에서도 빈번하게 활용됩니다. 실행 중인 프로그램에서 필요한 값을 저장하고 사용해야 할 때가 많아 변수는 프로그래밍에서 자주 사용되는 중요한 개념입니다.

변수를 사용하기 위해서는 먼저 변수명을 정하고 그 변수에 데이터를 할당합니다. 데이터는 일반적으로 값을 의미하며, 다양한 타입의 데이터를 저장할 수 있습니다. 그 다양한 타입을 자료형이라고 하며, 자료형은 숫자, 문자열 등 다양한 형태로 나타날 수 있습니다. 예를 들어 “하이리온”은 문자열(string)이며, 20은 정수(integer), 실수는 소수점을 가지고 있는 숫자(float) 등으로 분류해서 저장합니다.

변수 만들기

엔트리에서 변수를 만들어 봅시다.

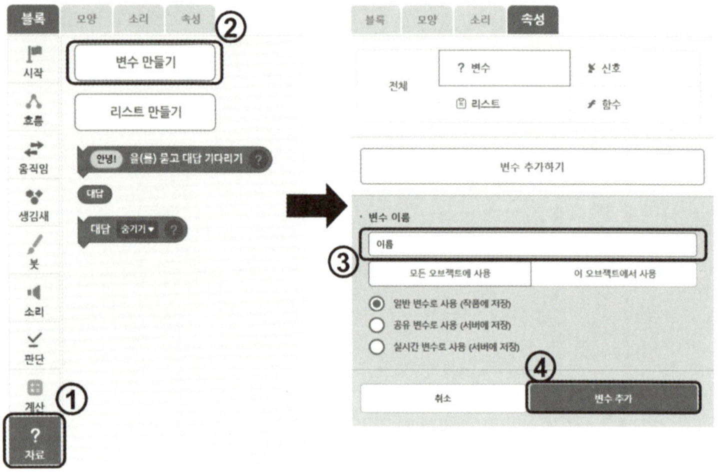

① 자료

② 변수 만들기

③ 변수 이름 설정

④ 변수 추가

그림 39 엔트리 변수 만들기

변수 이름은 "이름"으로 예시를 들어보겠습니다. 위와 같이 변수 추가를 마치고서, 자료를 다시 눌러봅시다.

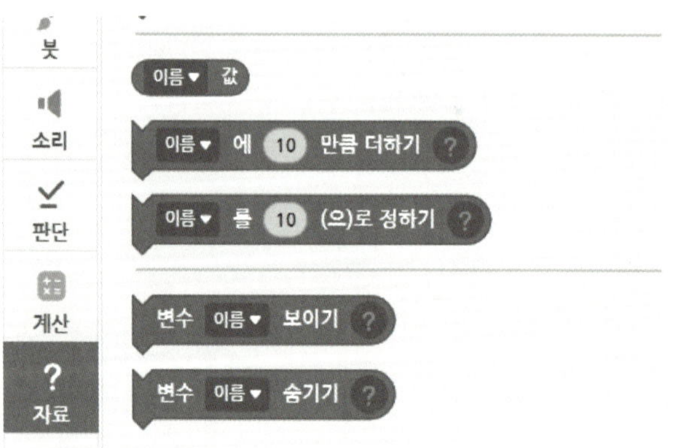

그림 40 변수 생성 확인

위와 같이 "이름"이란 변수와 연관된 블록들이 생성되었으면 성공적으로 변수 생성을 진행한 것입니다. 이제 변수 생성을 마쳤으면, 이 변수를 이용해 이번 장의 마지막 실습을 진행해 봅시다.

대답 변수에 저장하기

- 자료 → '정하기' 블록
- 자료 → '대답' 블록을넣기

- 입력받은 대답을 "이름" 변수에 저장

변수에 저장된 값 출력하기

- 생김새 → '말하기' 블록
- '안녕!'에 자료 → "이름"값 블록을 넣기

- 변수 "이름"에 저장된 값을 출력

전체 코드 블록 및 출력 결과

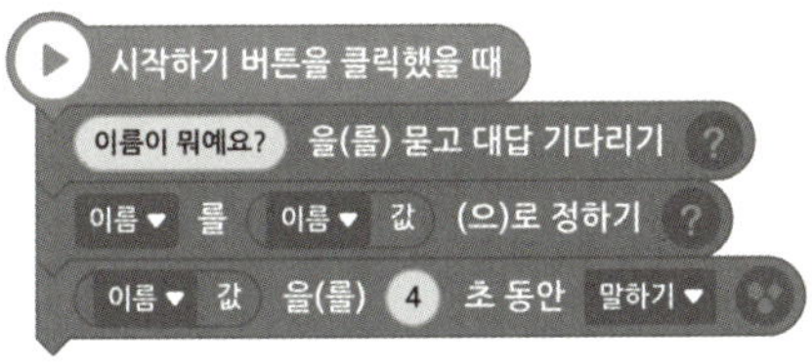

출력 결과	확인
	• "이름이 뭐예요?" 질문 후, 대답 기다리기 • "하이리온" 입력
	• '대답'에 "하이리온" 저장 • "하이리온" 출력

Chapter 2

프로그램 흐름 제어

1장에서, 우리는 컴퓨팅적 사고를 위해 추상화, 알고리즘, 그리고 의사코드에 대해서 배웠습니다. 이제 프로그램 흐름 제어에 관해 알아봅시다.

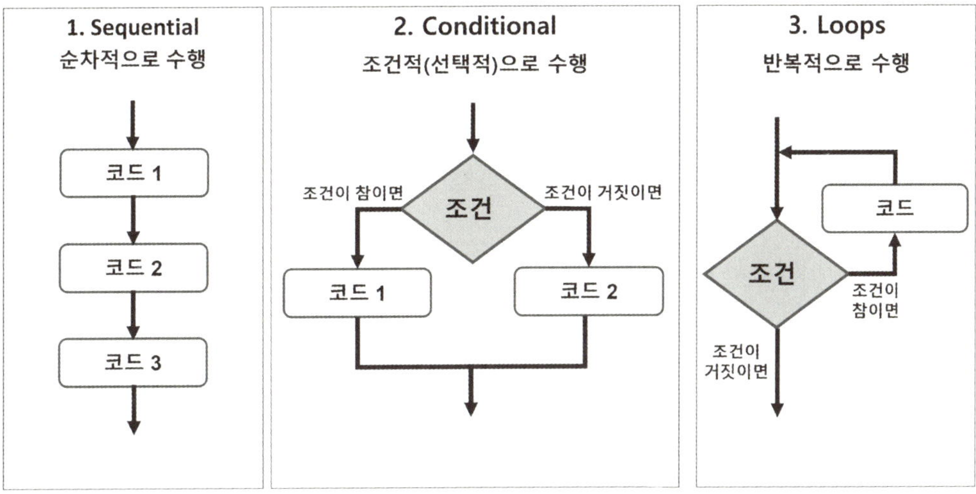

그림 50 플로우 차트

순차(Sequential)

프로그램에서 순차는 작업을 순서대로 수행하는 방법입니다. 이것은 우리가 일상생활에서 일을 순서대로 처리하는 것과 비슷합니다. 마치 레시피를 따라 요리하는 것처럼, 프로그램도 처음부터 끝까지 순서대로 명령을 실행합니다.

조건(Conditional)

우리가 의사코드에서 말했던 조건부로, 프로그램이 특정 조건을 확인하고 그 조건에 따라 다른 작업을 수행하는 방법입니다. 예시로, 프로그램에서 어떤 숫자가 짝수인지 홀수인지 확인하는 조건부를 통해, 그에 따라 다른 작업을 수행할 수 있습니다. 이러한 조건부는 프로그램이 상황에 맞게 행동하도록 만들어줍니다. 의사코드에서는 '만약에 ~라면'이라는 문장 등으로, 대부분의 프로그래밍 언어에서는 "if"문을 통해 나타납니다.

반복(Loop)

반복은 프로그램이 같은 작업을 여러 번 나열하는 것이 아니라, 반복(Loop)을 이용해 수행하는 방법입니다. 프로그램이 순차로 진행되다가 루프의 조건부를 만나 참이면 다시 위의 코드가 올라가 다시 루프의 조건부를 만날 때까지 순차로 실행하게 됩니다. 이렇게 루프의 조건부를 통해 올라가는 코드의 위치부터, 루프의 조건부를 만날 때까지의 그 구간을 반복하게 되면서, 같은 작업을 여러 번 나열하지 않고도 루프만으로 충분히 같은 작업을 구현할 수 있습니다.

이렇게 간단하게 순차, 조건, 그리고 반복까지 주요한 프로그램 흐름 제어의 세 종류를 알아봤습니다. 이 구조는 프로그래밍에서 기초적이며 중요한 개념입니다. 순차, 조건, 반복을 조합하여 다양한 작업을 수행할 수 있으며, 이러한 제어 구조를 이해하고 활용하면 프로그램을 논리적이고 효과적으로 작성할 수 있습니다.

01

순차 흐름 (Sequential Flow)

이번 장에서는 인스타그램에서 순위 검색하는 작업을 예로 들며, 프로그램 흐름 제어에서 특히, 순차, 'Sequential'이라 불리는 흐름 제어에 대해 살펴보겠습니다.

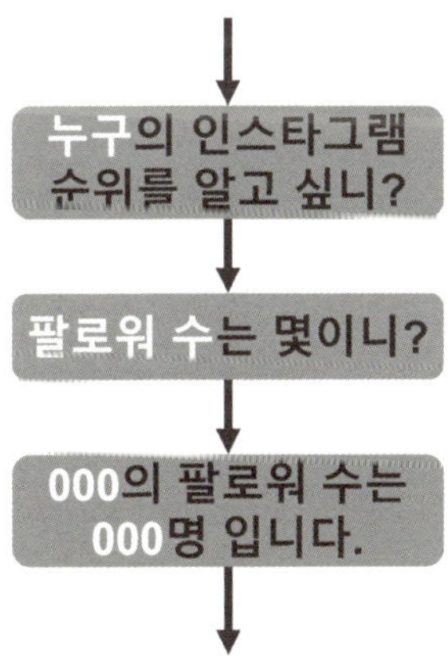

그림 51 인스타그램 팔로워 수 출력 순서도

순차는 작업을 위에서부터 하나씩 차례대로 실행하는 것을 의미합니다. 인스타그램 검색을 예로 들면, 검색 작업을 시작하기 위해서는 먼저 무엇을 해야 할까요? 검색하고자 하는 인물의 이름과 팔로우 수를 입력받아 변수에 저장해야 합니다. 위의 순서도와 같이 정보를 입력받고 저장하는 것이 처음 순차적인 단계입니다. 다음으로, 이 입력된 값들을 가지고 검색을 실행하고 결과를 출력해야 합니다. 이러한 과정을 순차적으로 실행하는 것이 중요합니다. 그러나 이번 장에서는, 위의 순서도와 같이 먼저 입력받은 값이 변수에 정상적으로 저장되었는지 확인하기 위해 변수값을 출력하는 과정까지만 실습에서 구현해보도록 하겠습니다.

엔트리로 순차 흐름 만들기

엔트리 기초 실습

문자열 합치기 (Join)

- 계산 → '합치기' 블록
- '안녕!'을 '만나서 반가워'로 수정
- '엔트리'에 자료 → 대답 블록 넣기

- 완성된 합치기 블록

- '말하기' 블록의 '안녕!'에 만들었던 합치기 블록 넣기

코드 블록 및 출력 결과

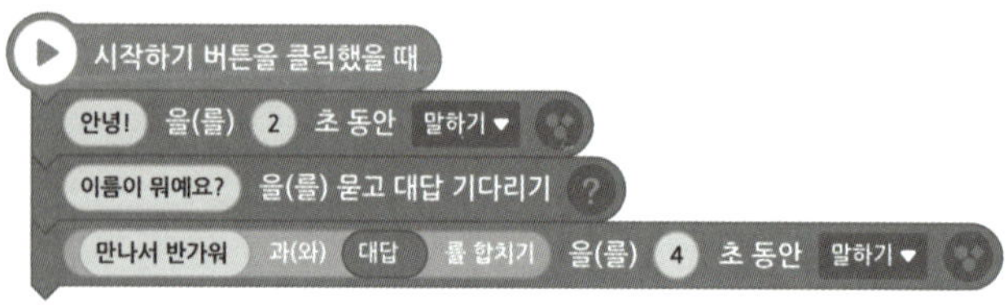

출력 결과	확인
	• "안녕!", "이름이 뭐예요?" 순서로 출력 후, 대답 기다리기 • "하이리온" 입력 후 "만나서 반가워 하이리온" 출력

문자열 두 번 합치기 (Join)

엔트리에서는 합치기 블록 안의 합치기 블록을 다시 한번 넣으면서 계속해서 문자열을 합칠 수 있습니다.

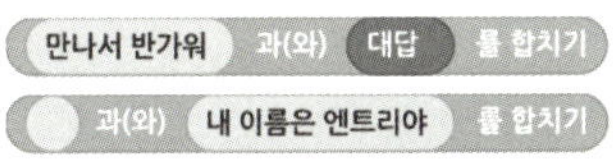

- 이전의 합치기 블록을 새 합치기 블록의 앞부분에 넣기
- 뒷부분에 "내 이름은 엔트리야" 입력

- 완성된 합치기 블록
- 말하기 블록에 삽입완성된 합치기 블록

코드 블록 및 출력 결과

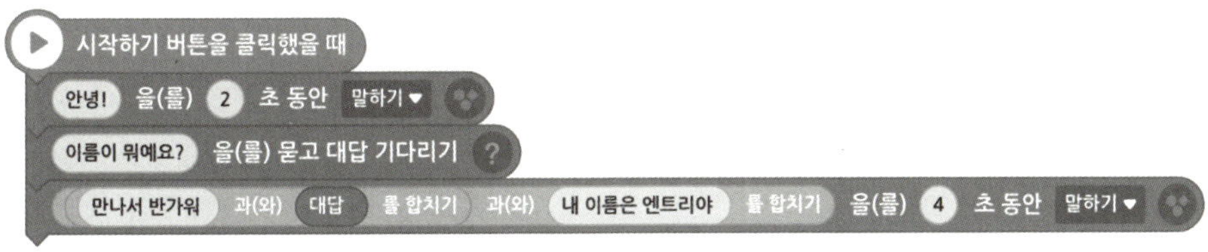

출력 결과	확인
 	• "안녕!", "이름이 뭐예요?" 순서로 출력 후, 대답 기다리기 • "하이리온" 입력 후 "만나서 반가워 하이리온 내 이름은 엔트리야" 출력

순차 흐름 실습

기능: 검색하고자 하는 인물의 이름과 팔로워 수 입력받아 변수에 저장하기

전체 코드 블록 및 출력 결과

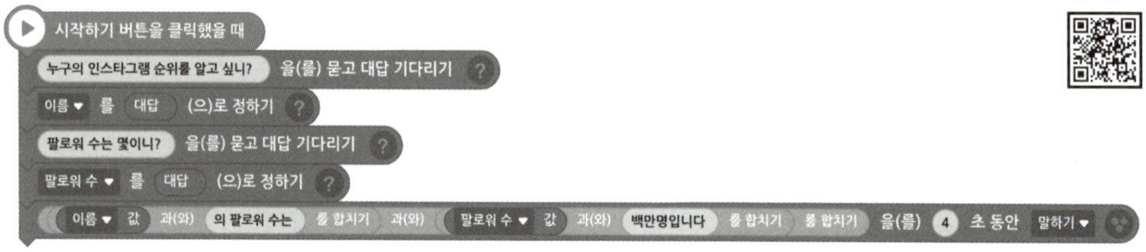

출력 결과	확인
	• "누구의 인스타그램 순위를 알고 싶니?" 출력 후, "김한양" 입력.
	• '대답'과 '이름' 변수에 "김한양" 입력된 것 확인. • "팔로워 수는 몇이니?" 출력 후, "483" 입력
	• '팔로워 수' 변수에 '483' 값 확인 • "김한양의 팔로워 수는483백만명입니다" 확인

더 알아보기

위에서 보았던 이름과 팔로워 수를 "김한양"이란 이름과 "483"이란 숫자로 똑같이 입력하지 않아도 됩니다. 입력한 값과 출력 결과를 예제와 함께 비교해보기 위해 지정해 놓은 값이므로, 자신이 만약 다른 숫자로 입력했다면 그 숫자에 맞게 동작하는지 파악해보면 됩니다.

02
함수 (Function)

그림 68 입력 - 블랙박스 - 출력

프로그래밍에서 함수는 코드를 구조화하고 작업을 단순하게 만드는 데 도움을 주는 필수 개념입니다. 함수는 추상화 도구로써, 위 그림을 통해 설명했던 것처럼, 블랙박스와 같다고 볼 수 있습니다. 블랙박스 안의 어떠한 로직, 기능들이 있는지 몰라도, 특정한 입력이 주어지면 그에 맞는 출력을 내보냅니다. 함수를 사용하면 이제 함수 안의 로직을 다 파악할 필요 없이, 그 함수만을 재사용하며 프로그램을 더 이해하기 쉽게 만들 수 있습니다. 이번 장에서는 엔트리를 통해 함수를 구현해 코드 추상화를 경험해보도록 하겠습니다.

엔트리에서 함수 만들기

2.1장에서 구현한 코드를 함수로 만들기

함수 만들기

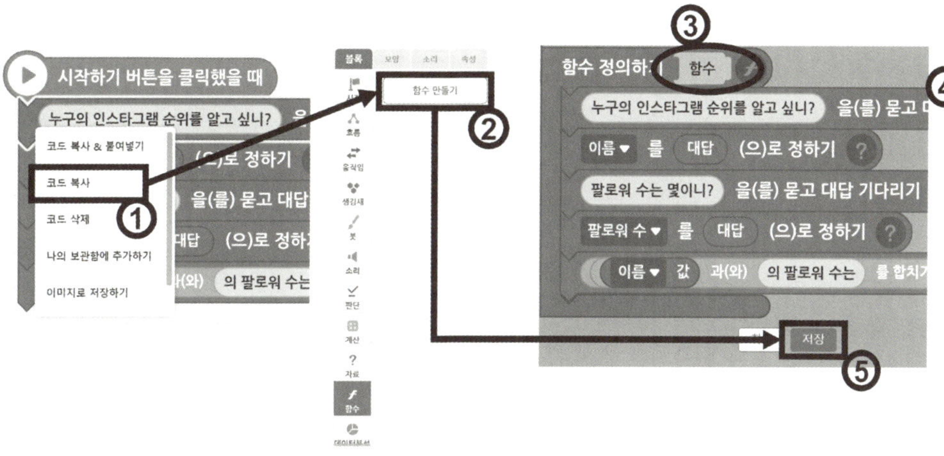

① 코드 복사: "시작하기 버튼을 클릭했을 때" 블록 바로 밑의 블록을 마우스 오른쪽 버튼을 클릭해 '코드 복사'를 누른다.

② 함수 만들기: 블록 → 함수 → 함수 만들기 버튼을 클릭하여 함수를 생성한다.

③ 함수 이름 : 함수의 이름을 설정할 수 있다. 예제에서는 "인스타그램 인물과 팔로워 수 입출력함수"라고 정의했다.

④ 코드 붙여넣기: ①에서 복사한 코드를 붙여넣어, 함수 블록안에 넣는다.

⑤ 저장: 작성한 함수를 저장한다.

함수 사용해보기

함수를 저장하기까지 완료했으면, 블록 → 함수에 우리가 저장했던 함수의 이름과 똑같은 함수 블록이 생성된 모습을 볼 수 있다. 이제 저 함수 블록 한 개만을 시작 블록 밑에 두고, 엔트리를 실행해봅시다.

전체 코드 및 출력 결과

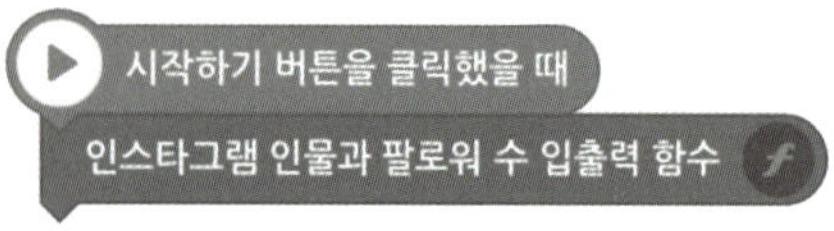

출력 결과	확인

- "누구의 인스타그램 순위를 알고 싶니?" 출력 후, "김한양" 입력

- '대답'과 '이름' 변수에 "김한양" 입력된 것 확인
- "팔로워 수는 몇이니?" 출력 후, "483" 입력

- '팔로워 수' 변수에 '483' 값 확인
- "김한양의 팔로워 수는483백만명입니다" 확인

함수의 기능

그림 76 2.1장에서 구현한 전체 코드

그림 77 함수를 이용한 코드

실행 결과는 2.1장에서 구현했던 전체 코드와 동일하다. 함수는 이처럼 여러 코드를 하나의 함수로 만들어, 컴퓨팅적 사고를 위한 추상화를 적용하는 데 있어서 핵심적인 역할을 합니다. 위의 예시에서 보았듯이, 추상화를 이용하면 우리가 프로그래밍할 때 코드를 더 간결하고 관리하기 쉽게 만들 수 있습니다.

03

조건 흐름 (Conditional Flow)

조건 흐름은 프로그램에서 특정한 조건을 확인하고, 그 조건에 따라 다른 동작을 수행하도록 합니다. 한 번 인스타그램 순위 검색을 예제로 조건 흐름을 살펴봅시다.

표 31 인스타그램 순위표 예시

			열	
	순위	이름	팔로우 수	인스타그램 ID
	1	Instagram	6.51억	@instagram
	2	유명인 A	6.01억	@hanyang_ex1
	3	유명인 B	5.88억	@a_hanyang
	…	…	…	…
	46	유명인 C	8,214만	@creative_computing
행	47	김한양	8,090만	@hanyang_kim
	…	…	…	…

먼저, 조건을 살펴보기 전에 '테이블(Table)'부터 살펴봅시다. 테이블은 그 뜻인 표와 같이, 행과 열이 있고, 그 안에 데이터들이 있습니다. 팔로워 수로 정렬을 해보았을 때, 1위부터 50위까

지 각 인물은 행(Row)에 해당합니다. 그리고 그 인물의 인스타그램 ID, 이름(또는 닉네임), 팔로워 수 등과 같은 데이터는 열(Column)에 해당하죠. 우리는 인스타그램 1위부터 50위까지 정리되어 있는 테이블 파일을 이용하여 순위 검색을 진행하도록 하겠습니다. 파일은 '창의적 컴퓨팅' 과목에서 올려둘 것이니, 참고하여 프로그램을 작성하시면 되겠습니다.

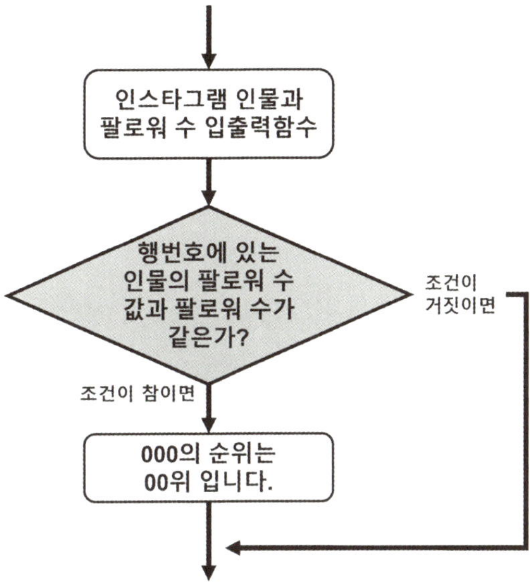

그림 78 인스타그램 순위 검색 조건 흐름

이제, 조건을 살펴봅시다. 검색 작업을 수행하는데 필요한 조건은 무엇일까요? 바로 테이블의 행번호와 일치하는 순위의 팔로우 수 값과 입출력함수를 통해 얻은 팔로워 수가 같아야 합니다. 이런 조건을 검사하여 조건이 참이라면, 순위를 출력하게 됩니다. 그러나 조건이 거짓이라면 출력하지 않거나 다른 동작을 수행할 수 있습니다. 즉, 조건문을 사용하면 프로그램이 상황에 따라 유연하게 대응할 수 있습니다. 그러면 한 번 실습을 통해 조건 흐름을 완성해 봅시다.

엔트리로 조건 흐름 완성하기

테이블 자료 다운로드

구글 드라이브 테이블 파일 다운로드

먼저, QR코드 또는 https://m.site.naver.com/1geWj 주소를 통해 구글 드라이브에서 csv 파일을 다운로드 해주세요. 인스타그램 순위가 담겨있는 테이블 파일입니다.

테이블 등록하기

테이블 불러오기

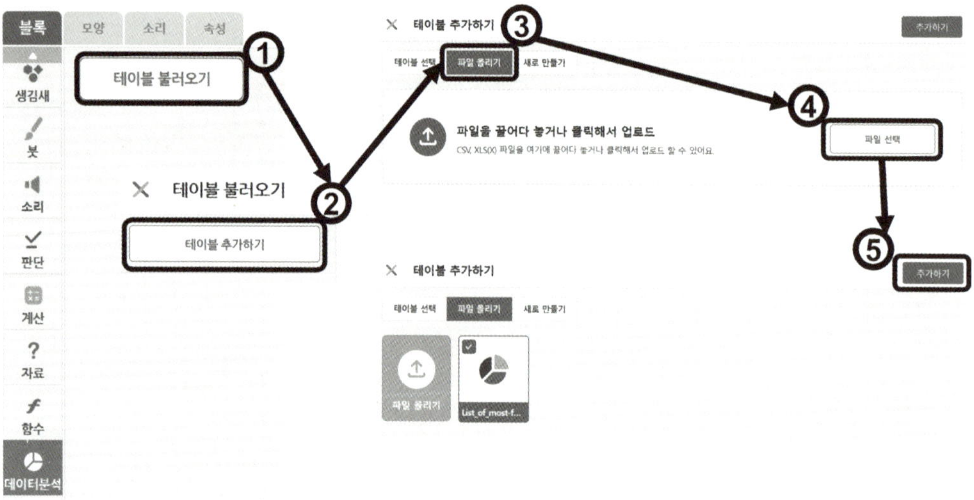

- 데이터분석 → 테이블 불러오기 → 테이블 추가하기 → 파일 올리기 순으로 클릭
- 파일 선택 클릭 후, 테이블 파일 업로드
- 업로드된 파일 선택된 상태 확인 후 추가하기 버튼 클릭

테이블 확인

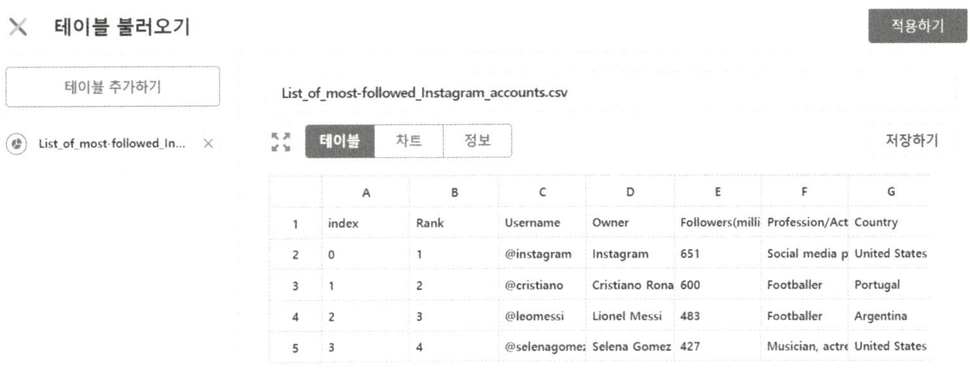

- 추가하기 버튼 클릭 완료 후, 테이블 데이터 확인 가능

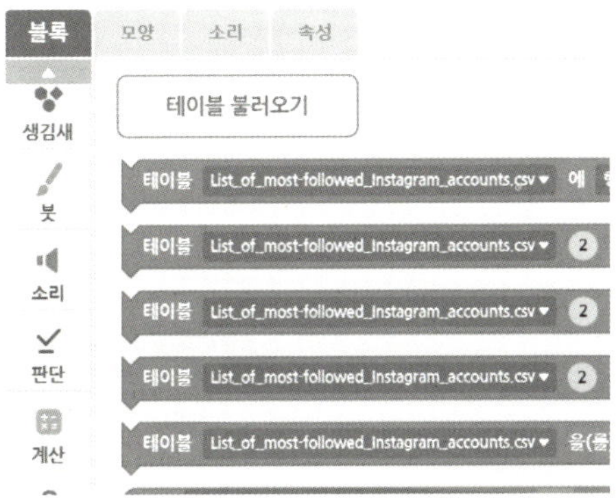

- 블록 → 데이터분석에서 테이블 관련 블록들이 생성된 모습 확인

테이블 이름 바꾸기

현재 테이블 이름은 업로드된 파일명을 그대로 쓰고 있습니다. 코드 블록에서 테이블 이름이 너무 길어 무슨 블록인지 보기 힘들어 테이블 이름을 바꿔보도록 하겠습니다.

- 데이터분석 → 테이블 불러오기에서 이미 업로드된 테이블의 이름을 "인스타그램"으로 변경
- 저장하기를 눌러 테이블 이름을 저장

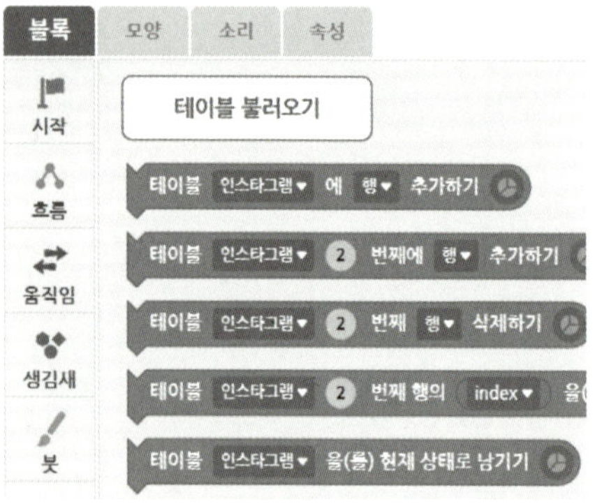

③ 블록에 바뀐 테이블명이 적용된 모습을 볼 수 있다.

조건문 실습을 위한 초기 변수 세팅

변수 만들기

'이름'과 '팔로워 수' 외의, 인스타그램 순위 검색을 위해 다음의 변수들을 추가로 만들어줍니다.

- 행번호
- 시작 행번호
- 마지막 행번호
- 인스타그램 순위

변수 초기값 정하기

자료 – 정하기 블록을 이용해 특정 변수들의 초기값을 정해줍니다.

변수명	값
시작 행번호	2
마지막 행번호	5
행번호	시작 행번호

조건문을 시작하기 전 전체 코드

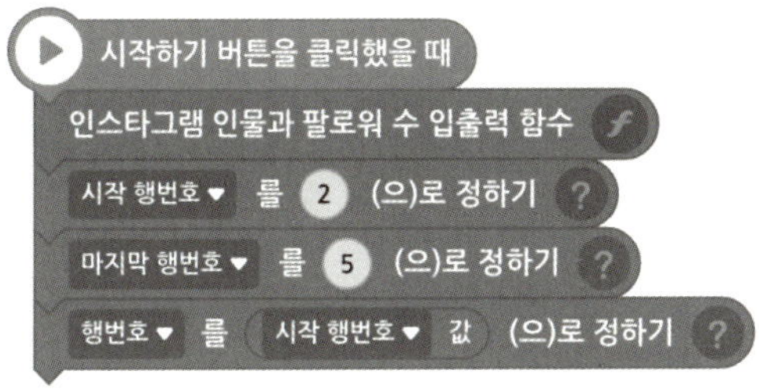

조건문 실습 1 - 인스타그램 계정 순위 검색

조건 흐름 만들기

• 흐름 → 만일 '참'이라면 블록

• 판단 → '10 = 10' 블록

• 자료 → '행번호' 값
• 데이터분석 → 테이블 '인스타그램' 2번째 행의 'index' 값
• 'index' → 'Followers(millions)'로 변경

• 자료 → '팔로워 수' 값

최종 조건 흐름 블록

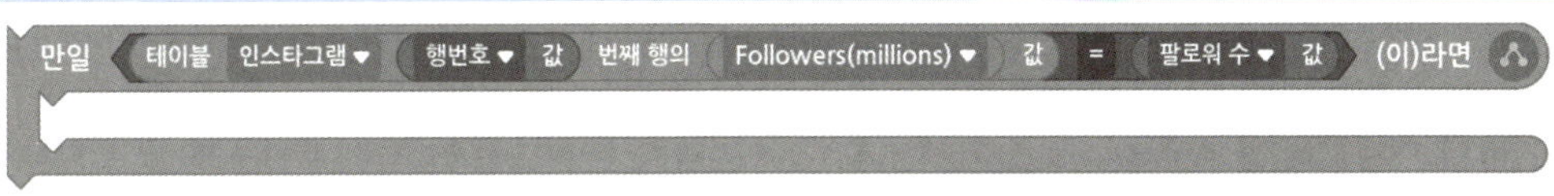

위와 같이 조건 흐름을 만들게 되면, 판단 블록에서 입력받은 '팔로워 수' 변수의 값과, '인스타그램' 테이블의 'Followers(millions)'값이 같으면, 조건 흐름 블록 안의 코드가 실행됩니다. 반대로 값이 서로 같지 않다면, 흐름 블록 밖의 코드로 건너뛰게 됩니다.

❙ 조건 흐름 완성하기

조건이 참이라면 실행할 코드를 안에 넣습니다. 먼저, '인스타그램 순위' 변수에 테이블 행의 'Rank'값을 저장하고, '인스타그램 순위' 변수를 사용해 말하기 블록을 실행하는 코드를 작성해보겠습니다.

❙ 전체 코드 및 실행 결과

이 코드에서는 테이블의 2번째 행만 검사하므로, 팔로워 수가 가장 많은 '인스타그램' 공식 계정의 순위를 알아보도록 하겠습니다. 이때 주어진 테이블 파일에서의 인스타그램 계정 팔로워 수는 651백만 명이므로, 팔로워 수는 꼭 '651'을 입력합시다.

출력 결과	확인
	• "누구의 인스타그램 순위를 알고 싶니?" 출력 후, "인스타그램" 입력

출력 결과	확인

- '대답'과 '이름' 변수에 "인스타그램" 입력된 것 확인
- "팔로워 수는 몇이니?" 출력 후, "651" 입력

- '팔로워 수' 변수에 '651' 값 확인
- "김한양의 팔로워 수는651백만명입니다" 출력 확인

- "인스타그램의 순위는 1위입니다" 출력 확인
- 시작행번호, 마지막 행번호, 행번호 변수에 각 숫자 확인
- 인스타그램 순위 변수에 '1' 저장된 것 확인

조건문 실습 2 – 여러 번 검색하는 기능 추가하기

'조건문 실습 1'에서는 한 번만 검색하기에 시작하는 행이었던 2번째 행, 즉, 인스타그램의 계정만을 검색할 수 있었습니다. 이번에는 한 번만 검색하는 것이 아니라, 여러 번 검색하도록 해봅시다. 그리고 여기서 한 번 유명한 축구선수 리오넬 메시의 팔로워 수를 예제로 순위 검색을 구현해 봅시다.

변수 만들기 및 초기값 정하기

다음의 변수명으로 변수 한 개를 추가로 만들어 줍시다.

- 검색 시도 횟수

자료 – 정하기 블록을 이용해 생성한 변수의 초기값을 정해줍니다.

변수명	값
검색 시도 횟수	0

반복될 코드 전체

- 마지막에 총 몇 번 검색을 진행했는지 확인하도록 팔로워 수 검색을 하기 전 검색 시도 횟수를 1만큼 증가시킵니다.
- 검색이 끝났으면, 다음 검색으로 넘어가기 전에 미리 행번호를 1만큼 증가시킵니다.
- **이 코드 부분 전체를 복사 붙여넣기 하여, 총 3번 반복하게 만듭니다.**

검색 시도 횟수 출력하기

3번 검색하는 전체 순차 코드 및 결과 조회

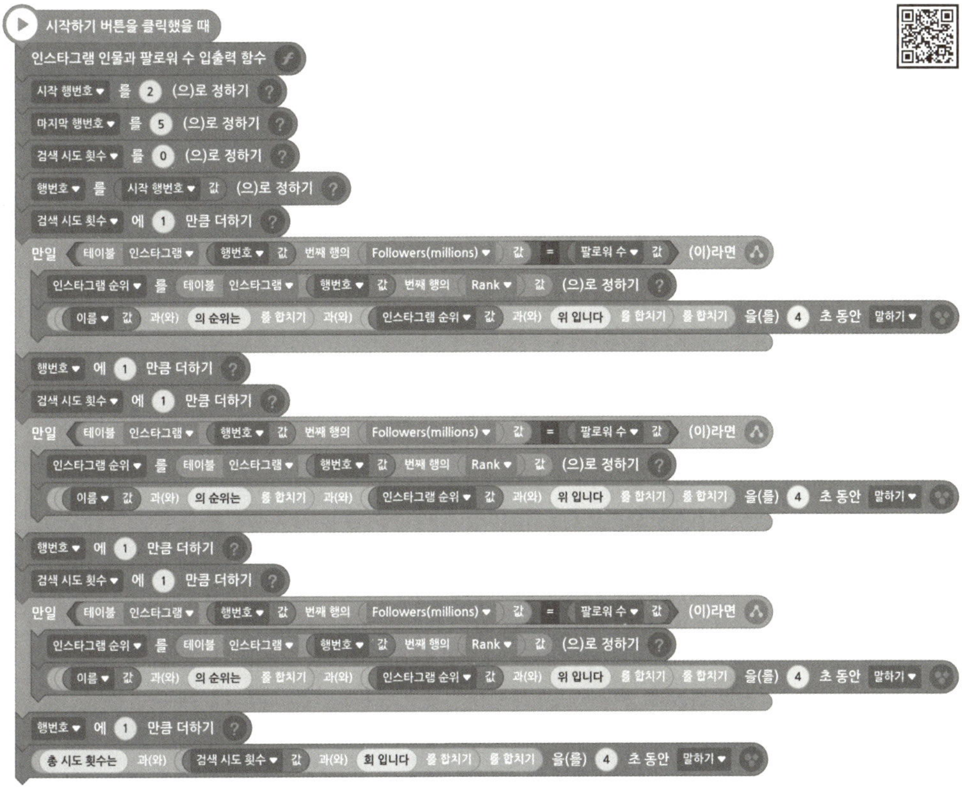

출력 결과	확인
	• "누구의 인스타그램 순위를 알고 싶니?" 출력 후, "메시" 입력
	• '대답'과 '이름' 변수에 "메시" 입력된 것 확인 • "팔로워 수는 몇이니?" 출력 후, "483" 입력

출력 결과	확인
	• '팔로워 수' 변수에 '483' 값 확인 • "메시의 팔로워 수는483백만명입니다" 출력 확인
	• "메시의 순위는 3위입니다" 출력 확인 • 시작행번호, 마지막 행번호, 행번호 변수에 각 숫자 확인. 특히 행번호 값은 '4'이어야 함. • 인스타그램 순위 변수에 '3' 저장된 것 확인
	• "총 시도 횟수는 3회입니다" 출력 확인 • 행번호 변수 값이 '5'로 바뀐 것까지 확인

조건문 실습 3 – 함수로 코드 추상화 하기

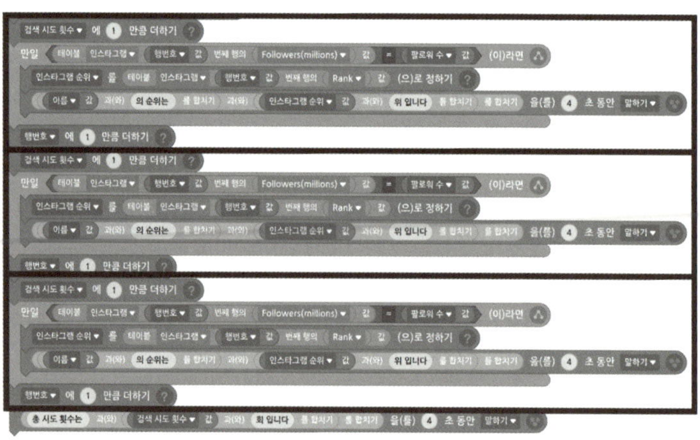

순차로 반복 흐름을 구현할 경우, 위와 같이 똑같은 코드를 계속 작성하는 경우가 생겨버립니다. 우리는 이전에 배웠던 함수를 이용해 코드를 더 간단히 해봅시다.

함수 작성

위와 같이 인스타그램 순위 검사 함수를 만들어봅시다. 반복되는 코드 부분만을 함수로 만들었습니다.

함수를 이용한 전체 코드 블록

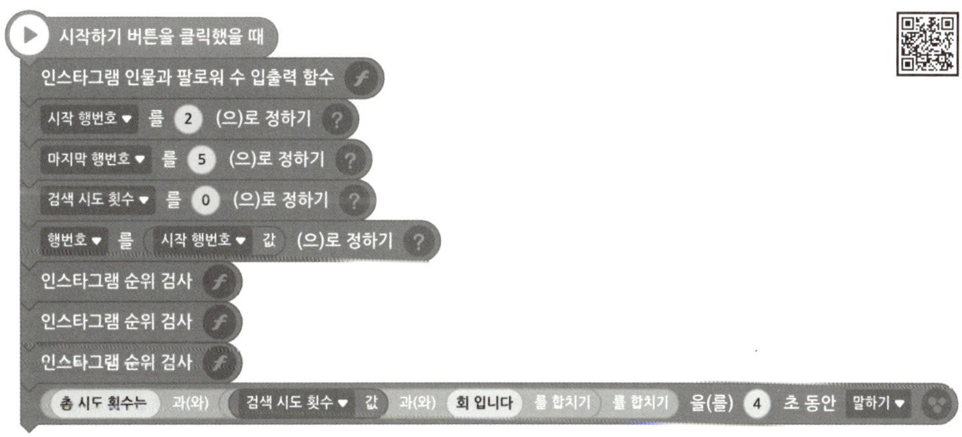

어떤가요? 확실히 반복적이지만 복잡하게 나타났던 순차 코드의 모습들이 함수 코드 블록만 3번 반복하는 것으로 끝냈습니다!

04

반복 흐름 (Loops Flow)

반복 흐름은 이름에서와 알 수 있듯이, 같은 작업을 여러 번 반복적으로 수행하는데 사용되는 흐름을 말합니다. 이는 일련의 코드 블록을 반복 실행함으로써 반복적인 작업을 자동화하고 효율적으로 처리할 수 있도록 도와줍니다. 특히 나중에 배우게 될 리스트나 데이터 집합의 각 요소에 대해 일괄적으로 작업을 수행하거나, 특정 조건이 충족될 때까지 한 작업을 반복하는 데 매우 유용합니다. 이를 통해 코드의 재사용성을 높이고 논리적인 구조를 유지할 수 있습니다.

예를 들어, 조건 흐름 챕터에서는 우리가 코드를 반복해서 작성해 여러 번 검색하는 기능을 구현했습니다. 하지만 이 또한 완벽하게 반복 흐름을 나타냈다고는 할 수 없습니다. 현재는 3번 검사하는 로직일 뿐이지만, 최종적으론 우리가 검색하고자 하는 것은 '김한양'의 순위입니다. 전체를 다 검사하려면 테이블의 수만큼 총 50번을 검사해야 하는 경우가 있는데, 그러기 위해선 함수 블록을 50개를 집어넣는 것은 매우 비효율적입니다. 이를 해결하기 위해 반복 흐름을 배워봅시다.

| 순차 탐색 반복 흐름 |

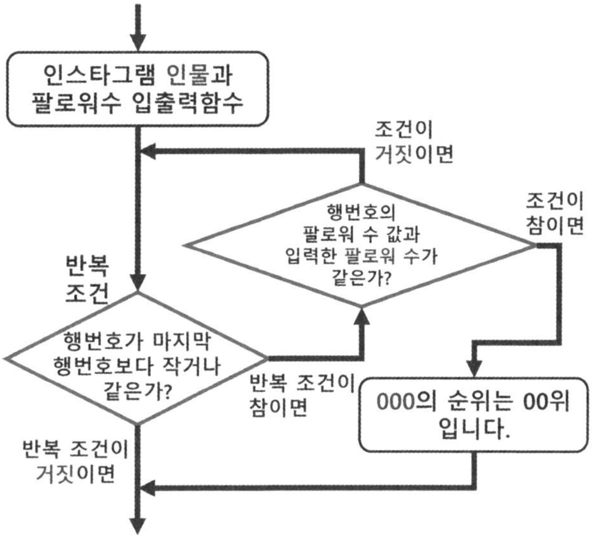

< 반복문 흐름 >

위의 반복문 흐름을 통해 똑같이 이를 엔트리로 구현해 봅시다.

- 반복 조건
  : 행번호가 마지막 행 번호보다 작거나 같은가?

- 반복 조건이 참이면
  〉조건 : 테이블 행번호 팔로워 수 값과 팔로워 수 변수 값이 같은가?
  〉조건이 참이면,
  : 인물의 이름에 대한 순위 출력하기
  〉조건이 거짓이면,
  : 반복 조건으로 이동

- 반복 조건이 거짓이면
  : 프로그램 종료

엔트리로 순차 탐색 완성하기

인스타그램 순위 검사 함수 수정

반복 흐름 만들기

• 흐름 → '참' '이 될때까지' 반복하기 블록

• 판단 → '10 ≤ 10' 블록

• 자료 → '행번호'

• 자료 → '팔로워 수' 값

최종 조건 흐름 블록

이렇게 최종 조건 흐름 블록을 만들게 되면, 행번호 값이 마지막 행번호를 넘어설 때까지 반복하게 됩니다.

함수에 반복 흐름 넣기

• 흐름 → 반복 중단하기 블록

만약 이미 검색이 끝났을 때, '반복 중단하기' 블록을 통해 다시 반복 흐름으로 돌아가지 않고 다음 흐름으로 넘어갈 수 있도록 해줄 수 있습니다. 이 블록을 만나게 될 경우엔 반복 조건과 무관하게 반복 흐름을 탈출합니다.

최종 인스타그램 순위 검사 함수

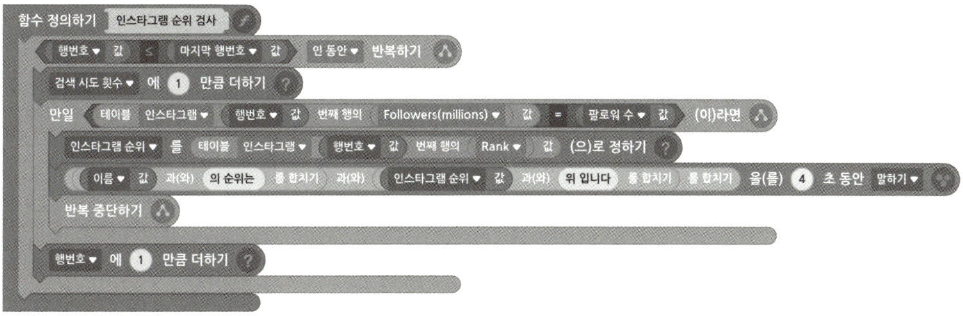

반복문 블록 안의 모든 코드를 넣습니다. 그리고 조건 흐름 블록 안에는 조건이 참일 때가 곧 순위 검색에 성공했음을 의미하므로, 반복 흐름으로 되돌아갈 필요가 없어 반복 중단하기 블록을 넣었습니다.

전체 순차 탐색 코드 및 결과

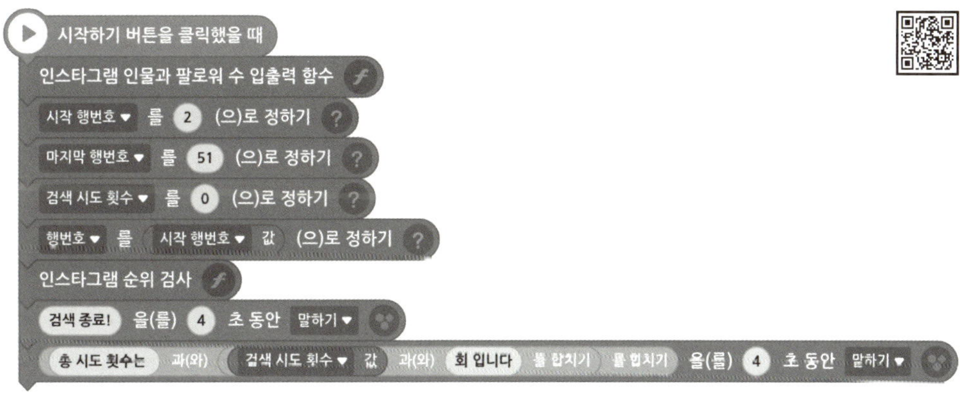

출력 결과	확인
	• "누구의 인스타그램 순위를 알고 싶니?" 출력 후, "김한양" 입력

출력 결과	확인
	• '대답'과 '이름' 변수에 "김한양" 입력된 것 확인 • "팔로워 수는 몇이니?" 출력 후, "80.9" 입력
	• '팔로워 수' 변수에 '80.90' 값 확인 • "김한양의 팔로워 수는 80.9백만명입니다" 출력 확인
	• "김한양의 순위는 47위입니다" 출력 확인 • 시작행번호, 마지막 행번호, 행번호, 인스타그램 순위, 검색 시도 횟수 각 변수에 숫자 확인
	• "검색 종료!" 출력 확인
	• "총 시도 횟수는 47회입니다" 출력 확인

만약 테이블에 없는 팔로워 수 값을 입력한다면?

현재 우리는 조건에서 테이블의 'Followers(millions)' 값만을 이용하고 있습니다. 즉 순차 검색으로 모든 데이터를 검색한다고 하더라도, 만약 입력받은 팔로워 수와 값이 일치하지 않는다면 결과는 존재하지 않습니다.

출력 결과	확인
	• "팔로워 수는 몇이니?" 출력 후, "88" 입력
	• 시작행번호, 마지막 행번호, 행번호, 인스타그램 순위, 검색 시도 횟수 각 변수에 숫자 확인 • "검색 종료!" 출력 확인
	• "총 시도 횟수는 50회입니다" 출력 확인

- 50회 모두 검색했음에도 인스타그램 순위는 0으로 검색 결과를 찾지 못했다는 것을 알 수 있습니다.
- 검색 결과가 없으므로, 조건 흐름 안의 김한양의 순위를 알려주는 블록이 실행되지 않았음을 알 수 있습니다.

| 이진 검색 반복 흐름 |

우리가 순차 탐색을 구현하고 실제로 실행해봄으로써, 맨 위에서부터 하나씩 검사하여 '김한양'의 순위를 파악했을 때, 무려 47번 검색했음을 알았습니다. 우리는 1장 컴퓨팅적 사고에서 알고리즘을 배운 것을 바탕으로, 이번에 이 비효율적인 것을 이진 검색을 통해 효율적인 코드로 바꿔봅시다.

이진 탐색

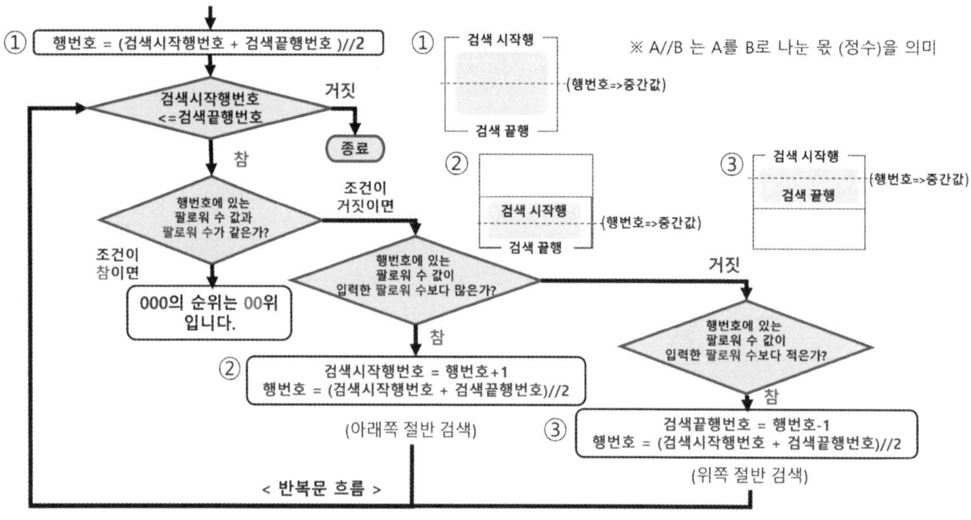

- 검색 방법
  1. 순위의 중간 순위의 팔로워수와 검색하고자하는 인물의 팔로워 수와 비교
  2. 중간 순위의 팔로워 수와 검색하고자하는 인물의 팔로워 수가 같으면 순위를 출력
  3. 중간순위보다 팔로워 수가 많으면 위쪽(높은 순위) 절반에서 다시 이 검색 과정을 반복
  4. 중간순위보다 팔로워 수가 적으면 아래쪽(낮은 순위) 절반에서 다시 검색 과정을 반복
  5. 검색구간(절반씩 줄어든 구간)이 한 개도 없으면 종료

엔트리로 이진 검색 완성하기

이진 검색 반복 흐름

변수 추가 및 초기값 지정

다음의 변수들을 추가하고, 초기값을 다음과 같이 지정해줍시다.

변수명	값
검색시작행번호	시작 행번호 값
검색끝행번호	마지막 행번호 값

함수 생성 및 행번호 변수 설정

이진검색 함수를 생성하고, **이진 김색 함수를 처음 실행할 때** 미리 위에서 '시작 행번호'와 '마지막 행번호' 값으로 초기화한 '검색시작행번호', '검색끝행번호' 변수를 이용해 '행번호' 값을 초기화해줍니다.

반복 흐름 만들기

'검색시작행번호'가 '검색끝행번호'값보다 작거나 같으면 검색 시도를 계속 반복하며, 바로 '검색 시도 횟수' 또한 1 증가시킵니다.

조건 흐름 1 만들기

'만일 ~(이)라면, 아니면' 블록을 사용하여, 먼저 테이블의 행번호에 해당하는 팔로워 수와 프로그램에서 입력받은 팔로워 수 값이 같으면, 기존의 순차 검색에서와 같이 순위를 저장하고 반복을 중단합니다.

조건 흐름 2 만들기

이제 '조건 흐름 1'에서 만들었던 블록의 "아니면" 안에 넣을 블록을 만들어 보겠습니다. '만약 ~ (이)라면' 이라는 조건을 통과하지 못했다는 것은, 행번호의 팔로워 수가 입력받은 팔로워 수와 일치하지 않았다는 것을 의미합니다. 따라서 다시 행번호를 계산해야 하는 과정을 작성하면 됩니다.

최종 이진 검색 함수 코드

전체 코드 및 실행 결과

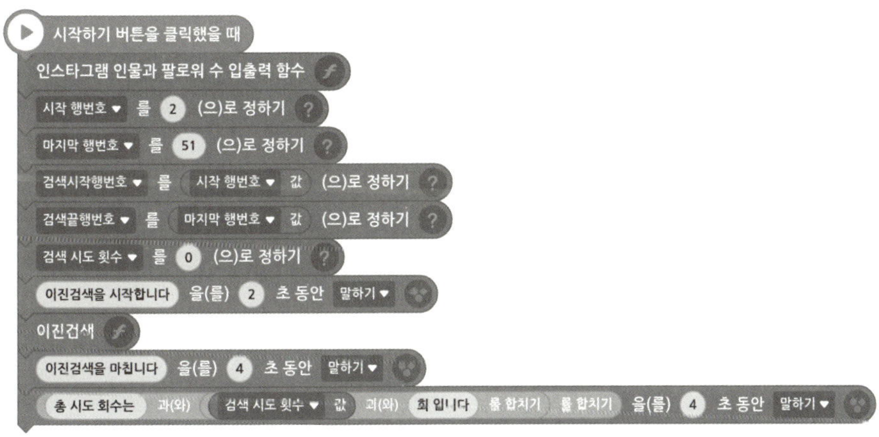

출력 결과	확인
	• “누구의 인스타그램 순위를 알고 싶니?” 출력 후, “김한양” 입력

출력 결과	확인
	• '대답'과 '이름' 변수에 "김한양" 입력된 것 확인 • "팔로워 수는 몇이니?" 출력 후, "80.9" 입력
	• '팔로워 수' 변수에 '80.90' 값 확인 • "김한양의 팔로워 수는 80.9백만명입니다" 출력 확인
	• "이진검색을 시작합니다" 출력 확인
	• "김한양의 순위는 47위입니다" 출력 확인 • 시작행번호, 마지막 행번호, 행번호, 인스타그램 순위, 검색 시도 횟수, 검색시작행번호, 검색끝행번호 각 변수에 숫자 확인

출력 결과	확인
	• "이진검색을 마칩니다"출력 확인
	• "총 시도 횟수는 4회입니다" 출력 확인

05

알고리즘 성능 비교

알고리즘 수행 시간 측정

우리는 앞서서 순차 검색과 이진 검색을 모두 구현해 보았습니다. 두 검색 방법의 차이를 통해 순차 검색으로 47번이나 걸리던 검색 횟수가 이진 검색으로 4번만 검색을 시도하면 된다는 것을 확인할 수 있었습니다. 무려 11배 이상이 차이가 나죠? 하지만 단순히 47번과 4번이라는 검색 시도 횟수의 비교는 정확한 컴퓨터의 성능을 비교하기는 어렵습니다. 우리가 이진 검색을 위해 '검색시작행번호', '검색끝행번호' 변수를 추가하고, 조건 흐름을 추가했으며, '행번호'를 계산하기 위한 로직 또한 추가했습니다. 즉, 단순히 검색 횟수로만 비교하기에는 코드가 종합적으로 수정되었기 때문에, 알고리즘별로 성능을 계산하기 위해 수행 시간을 비교합니다. 이후 실습에서 초시계 블록을 이용하여 수행 시간을 측정해보도록 하겠습니다.

알고리즘 수행 시간 비교

실습으로 넘어가기 전에, 먼저 결과를 보면 순차 검색은 1.7초, 이진 검색은 1.1초가 걸렸습니다. 여기서 수행 시간을 조정해야 할 값이 있습니다. 바로 함수 내에서 순위를 출력해주는 말하기 블록입니다. 초시계에서 함수와 시작 전과 끝난 후를 측정했는데, 알고리즘의 성능을 평가하는 데 있어서 출력문은 알고리즘과 연관이 없기 때문입니다. 따라서 "1초 동안" 말하기를 수행한 블록의 수행 시간을 조정하기 위해, 초시계 블록에서 각 1초를 빼주도록 하겠습니다.

	순차 검색	이진 검색
비교 횟수	47회	**4회**
검색 시간	약 0.7초 소요	**약 0.1초 소요**

위 표를 통해 순차 검색과 이진 검색이 무려 7배나 차이가 난다는 사실을 확인할 수 있습니다. 즉, 순위 검색이라는 목적을 지닌 똑같은 한 작업이 검색 방법에 의해 성능이 크게 좌지우지된다는 것을 의미합니다. 즉 컴퓨터, 프로그램의 성능엔 알고리즘이 큰 영향을 끼친다는 사실을 알 수 있습니다.

이제 실제 이러한 결과가 나오는지 다음 실습을 진행하며 검색 시간을 계산해 봅시다.

알고리즘 성능 측정하기

순차 검색 및 이진 검색 시간 비교

순차 검색 및 이진 검색 초시계

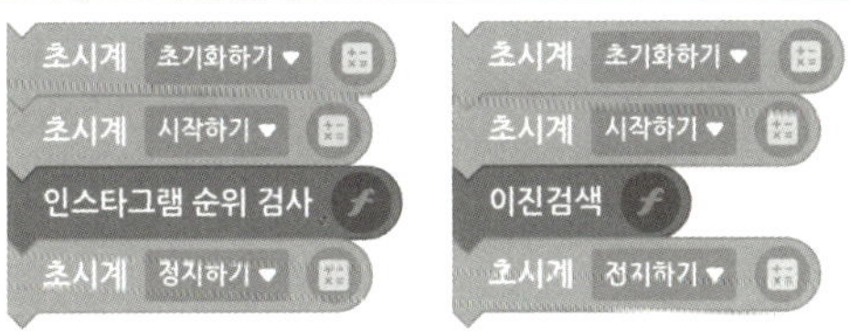

- 계산 → 초시계 블록 3개
- 초기화하기 → 시작하기 → 함수→ 정지하기 순으로 작성

검색 함수 내 말하기 시간 수정

프로그램 수행 시간을 측정하기 위해 검색 함수 내 순위를 알려주는 말하기 블록의 시간을 1초로 수정하겠습니다.

❙ 순차 검색 전체 코드 및 실행 결과 확인

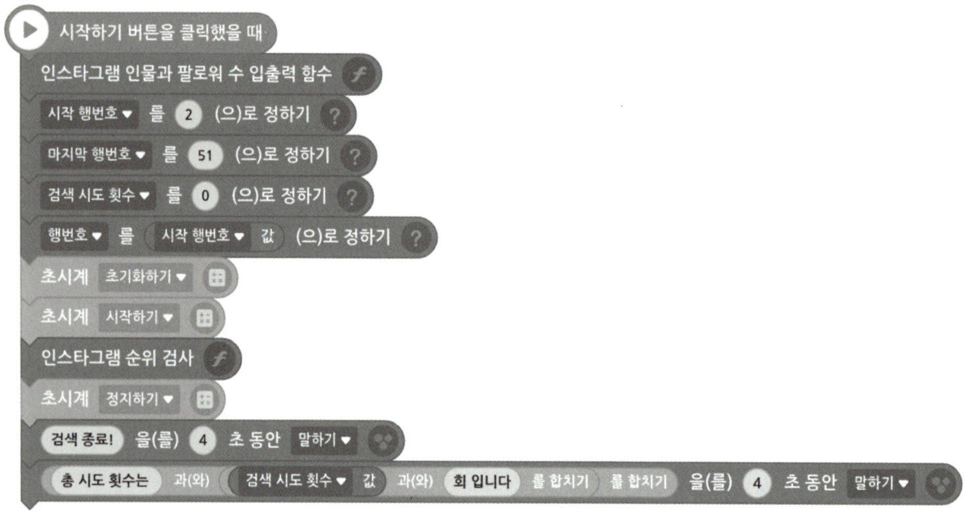

출력 결과	확인
	• 이전과 같은 입력을 진행했을 때, 초시계에 1.7 값 확인

이진 검색 전체 코드 및 결과 확인

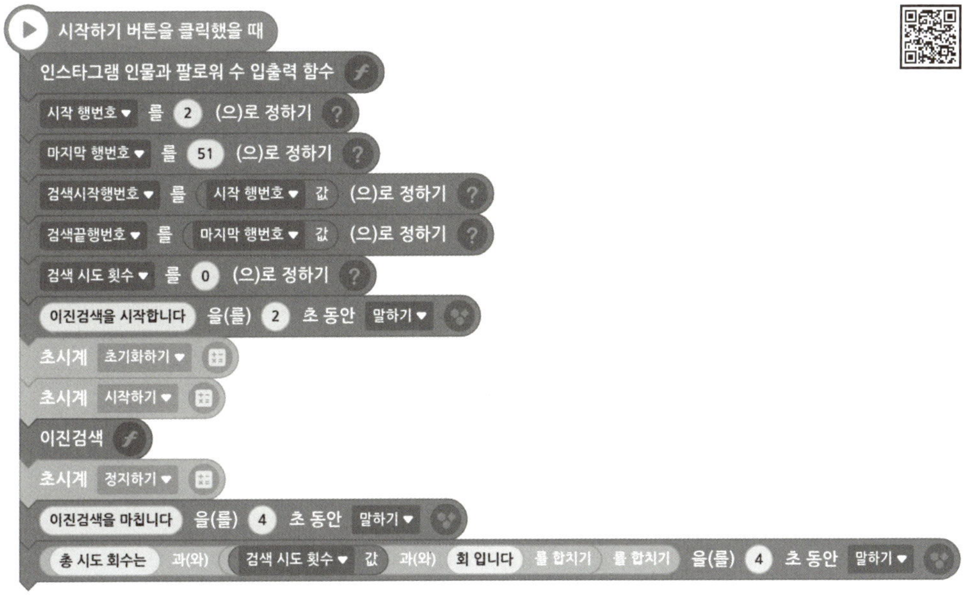

출력 결과	확인
	• 이전과 같은 입력을 진행했을 때, 초시계에 1.7 값 확인

Chapter 3

파이썬 프로그래밍

사람은 대화를 통해 소통하고, 의사를 전달합니다. 그리고 이 대화에는 두 사람이 알아들을 수 있는 수단을 통해 이뤄집니다. 그 수단이 무엇인가요? 바로 '언어'입니다. 한국어, 영어, 스페인어 등 사람이 서로 사람과 대화하기 위해 쓰는 언어를 '자연어'라고 부릅니다.

그렇다면 컴퓨터는 어떨까요? 현재 우리가 한국어를 읽고 보는 것처럼, 컴퓨터는 오로지 0과 1로 이뤄진 숫자만을 보고 읽습니다. 즉, 컴퓨터와 대화하려면 0과 1로 이루어진 숫자들로 대화해야 한다는 이야기입니다.

하지만 우리 사람이 컴퓨터와 대화하기 위해 0과 1만으로 대화하기엔 너무나 번거롭고 복잡합니다. 그래서 사람도 이해할 수 있는 언어로 컴퓨터를 동작하기 위해 만들어진 것이 프로그래밍 언어입니다.

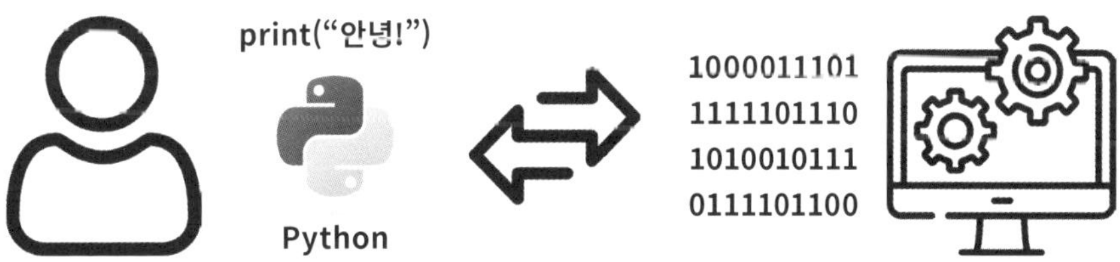

이러한 프로그래밍 언어로는 C, C++, Java 등 다양한 언어들이 있습니다. 마치 한국어, 영어, 중국어와 같이 다양한 언어가 존재하는 것처럼 컴퓨터에서도 여러 언어들이 존재합니다. 이제 우리는 그 중에서 파이썬(Python)이라는 언어를 통해 앞으로의 프로그래밍을 진행해보도록 하겠습니다.

01

파이썬이란?

파이썬(Python)은 간결하고 가독성이 뛰어나며 다양한 분야에서 사용되는 고급 프로그래밍 언어입니다. 파이썬은 1989년에 귀도 반 로섬(Guido van Rossum)에 의해 설계되었으며, 그 후 꾸준한 업데이트와 개선을 거쳐 현재까지 발전해왔습니다.

Oct 2023	Oct 2022	Change	Programming Language	Ratings	Change
1	1		Python	14.82%	-2.25%
2	2		C	12.08%	-3.13%
3	4	^	C++	10.67%	+0.74%
4	3	v	Java	8.92%	-3.92%

프로그래밍 언어의 인기도를 측정하는 TIOBE-index 자료를 살펴볼 때 1위를 차지할 정도로 최근에 가장 널리 사용되고 있는 언어라고 볼 수 있습니다. 이러한 인기와 사용자들을 바탕으

로 발전해 온 파이썬은 웹 개발, 데이터 분석, 인공 지능, 기계 학습, 자동화, 게임 개발 등 다양한 분야로 확장되어 활용되고 있습니다.

이제 가장 인기있는 언어인 파이썬을 설치하고 실행해보도록 합시다.

| 파이썬 설치 |

실습은 모두 Windows 운영체제를 기준으로 설명합니다.

파이썬 설치파일 다운로드

파이썬 공식 사이트: http://www.python.org/downloads/ 에 접속하여 설치 파일을 다운로드합니다.

파이썬 설치 파일 실행

다운로드한 파일을 실행 후 다음과 같이 수행합니다.

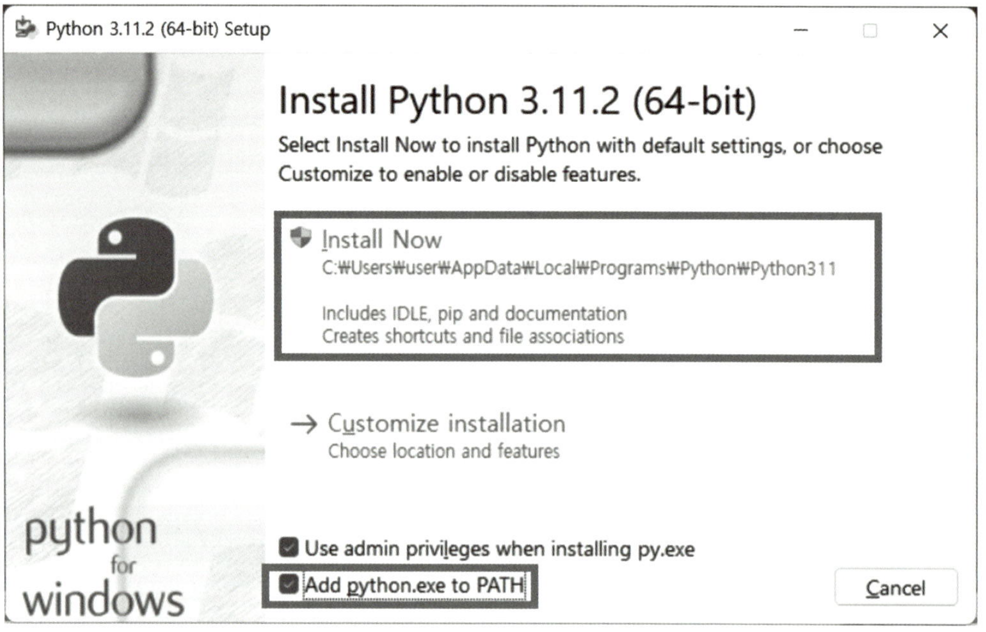

- 다운로드한 파일을 실행하면 위 화면이 뜸.
- "Add python.exe to PATH" 옵션을 체크하고 Install Now 클릭.

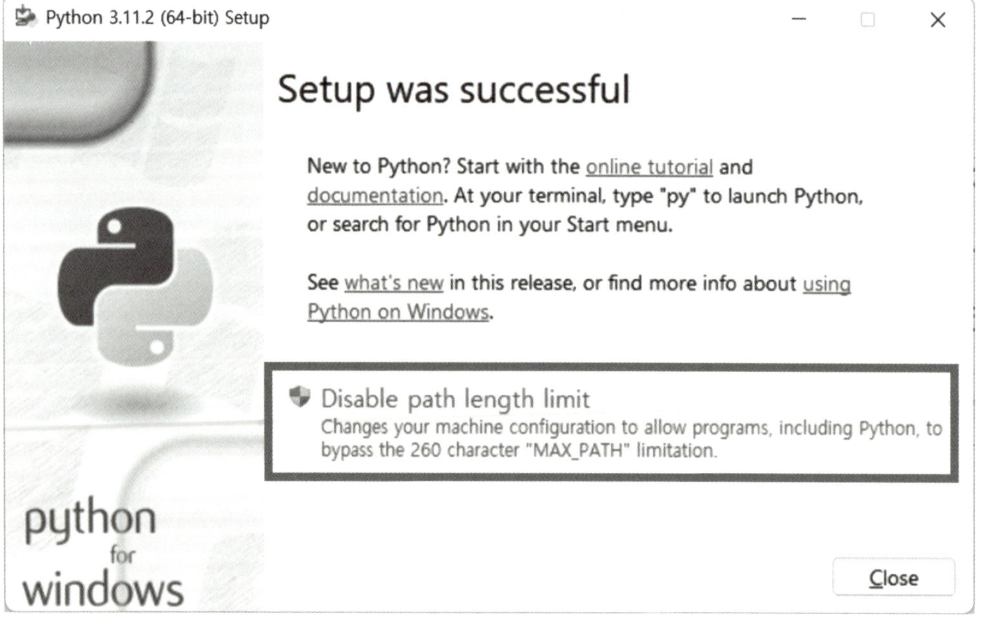

- 이후 Setup Progress바가 뜨고 설치가 자동으로 진행
- 중간에 사용자 계정 컨트롤 창이 뜨면 '예'를 눌러서 설치 진행
- 마지막 창에서 260자를 넘더라도 문제가 발생하지 않도록 길이 제한을 해제

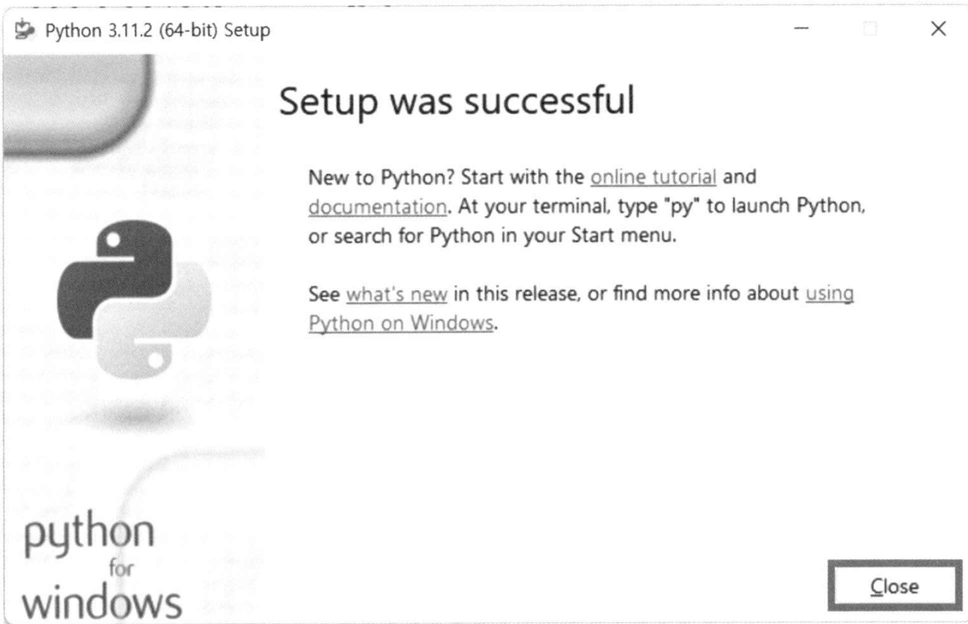

- 아래와 같은 화면이 뜨면 정상적으로 설치 완료

| IDLE |

파이썬을 설치하면, 학습용 개발 환경으로 IDLE이란 프로그램이 기본으로 설치됩니다. IDLE이란, Integrated Development and Learning Environment의 약자로, 교육을 목적으로 만들어져 초보자에게 적합한 파이썬 개발 환경입니다. 우리는 앞으로도 이 IDLE 프로그램을 이용해서 파이썬 프로그램을 작성해보겠습니다.

IDLE 실행하기

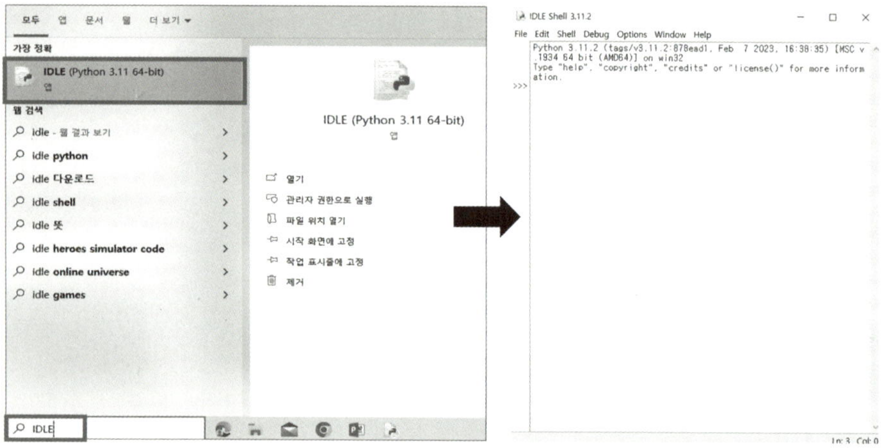

- 윈도우 시작 버튼 클릭 → IDLE를 입력 → IDLE (Python 3.xx* 64-bit) 선택
  (* 파이썬은 업데이트가 자주 이뤄지기 때문에 자신이 설치한 버전에 맞게 실행하면 됩니다.)
- 오른쪽과 같이 IDLE Shell 창이 뜨면 정상적으로 설치된 것임

파이썬 쉘(Shell)

파이썬 쉘(Python Shell)은 코드를 한 줄씩 입력하고 즉시 결과를 확인할 수 있는 대화형 콘솔 환경을 말합니다. 한 줄마다 실행하고 테스트하는 데 사용됩니다. 위에서 IDLE을 실행했을 때 나오는 창 또한 IDLE Shell로, 파이썬 쉘 환경입니다.

쉘에서 바로 연산 수행하기

```
Python 3.11.2 (tags/v3.11.2:878ead1, Feb  7 2023, 16:38:35) [MSC v.1934 64 bit
(AMD64)] on win32
Type "help", "copyright", "credits" or "license()" for more information.
>>> 3+3
6
>>> 3-3
0
>>> 3/3
1.0
```

```
>>>   3*3
      9
>>>   10//3
      3
>>>   10%3
      1
>>>
```

쉘에서 계산기처럼 계산 수식을 입력하면 계산 결과를 출력합니다. 예를 들어 첫 번째와 같이 "3+3"을 입력하고 엔터를 치면, "6"이라고 계산 결과를 출력합니다. 다양한 연산자들이 있지만, 먼저 위의 예제로 나온 연산자들만을 소개하겠습니다.

- 사칙연산: + (덧셈), - (뺄셈), * (곱셈), / (나눗셈)
- 기타연산: // (나눈 몫), % (나눈 나머지)

print(), 문자열

엔트리	파이썬
	print("Hello World!")

print() 명령어(함수)를 이용해 문자열(여러 개의 문자)도 출력해보겠습니다. print()문은 앞서 블록코딩으로 다뤄봤던 엔트리의 말하기 블록과 동일한 기능을 수행합니다.

```
      (Python Shell)
>>>   print("Hello World!")
      Hello World!
>>>   print('안녕하세요')
      안녕하세요
>>>   print('hello world)
...
      SyntaxError: incomplete input
>>>
```

파이썬에서 문자열은 문자들을 따옴표(' ' 혹은 " ")로 양쪽에 감싸주면 문자열로 인식합니다. 그러나 만약 따옴표 작성을 틀리게 하는 경우, 위의 마지막 예시와 같이 에러를 표출하게 됩니다.

```
    (Python Shell)
>>> print(10)
    10
>>> print(20+30)
    50
>>> print("20+30")
    20+30
>>>
```

print()문에서 숫자를 출력할 때는 따옴표 없이 바로 사용할 수 있습니다. 마지막 예시와 같이 따옴표를 사용하게 되면 숫자 연산이 아니라 문자 그 자체로 문자열이 되었기 때문에 숫자가 아닌 "20+30"을 출력하게 됩니다.

변수

변수는 자료를 담는 공간이라고 했습니다. 파이썬에서는 변수에 자료의 형태(숫자, 문자열 등)와는 상관없이 자유롭게 자료(값)를 담을 수 있습니다. 변수와 값을 선언할 때 "(변수명) = (값)" 형태로 작성하면 변수가 선언됩니다.

```
    (Python Shell)
>>> a = 20
...
>>> a
...
    20
>>> a = 20+30
...
>>> a
...
```

```
        50
>>>     a = a+10
...
>>>     a
...
        60
>>>
```

- 변수(이름)는 항상 '=' 왼쪽에 있어야 함
- '=' 오른쪽은 변수에 넣을 값을 입력
- '=' 오른쪽에 변수가 오면 값으로 인식하고, 계산이 있으면 계산 후의 값을 변수에 대입함
- 변수에 값을 대입한 후에는 변수는 그 값을 의미

소스 코드 작성하기 (파일 새로 생성 및 저장)

파이썬 쉘은 한 줄씩 입력하자마자 바로 실행하는 환경입니다. 우리는 이제 블록코딩 때와 같이 전체 코드를 작성한 후 최종적으로 실행하는 것을 목표로 합니다. 따라서 IDLE로 코드를 한 번 작성해보겠습니다.

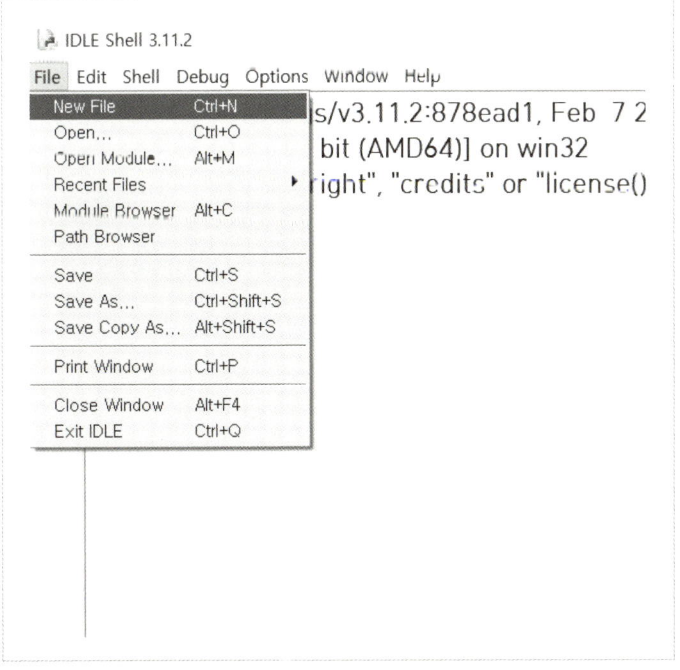

IDLE을 실행 후, File → New File을 선택합니다. 또는 단축키 Ctrl+N을 이용할 수 있습니다. 소스 코드를 저장할 때는 Save 또는 Save as (Ctrl+S 또는 Ctrl+Shift+S)를 선택하면 됩니다.

New File을 선택하면, untitled 제목의 빈 창이 나타납니다. 여기서 소스 코드를 작성하고 파이썬 프로그램을 실행할 수 있습니다.

실습 예제

이름을 입력받아 출력하기

소스 코드 작성 및 저장

아래의 소스 코드를 작성하고, 파일로 저장해 봅시다. 파일명은 자유롭게 해도 되지만, 되도록 해당 프로그램의 기능과 연관된 이름으로 짓는 나중에 프로그래밍하는 데 있어 여러 프로그램들을 한눈에 알아보기 쉬워지므로 여기서는 'helloworld'라는 파일명으로 소스코드를 저장하겠습니다.

Line	helloworld.py

```
#Hello World Program
print('Hello World!')
print('What is your name?')
name = input()
print('It is good to meet you ' + name)
```

소스 코드 실행

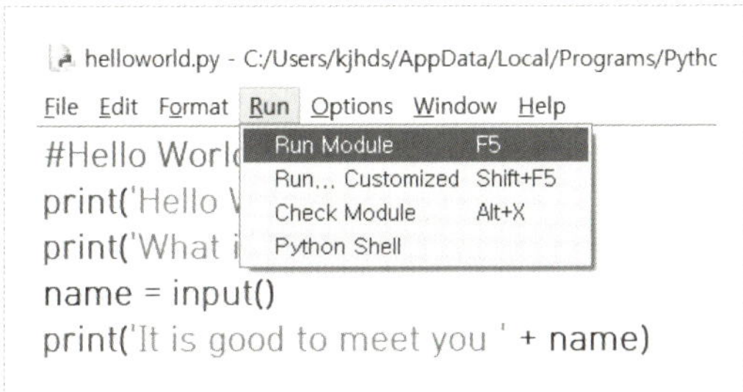

작성한 소스 코드를 실행하기 위해, Run → Run Module을 선택합니다. 바로 F5 버튼을 눌러 실행할 수도 있습니다.

```
(Python Shell)
>>>
Hello World!
What is your name?
|
```

- 실행하면 쉘에서 소스코드를 실행
- What is your name? 까지 출력 후, 다음 줄에서 입력을 기다림
- 자기 이름(ex. 김한양)을 한 번 입력해 보기

```
       (Python Shell)
>>>
       Hello World!
       What is your name?
(입력)  김한양
       It is good to meet you 김한양
```

'김한양'을 입력받은 그대로 다시 이름을 언급하며 인사말을 출력했습니다! 이제 각각의 코드가 무엇을 의미했는지 알아봅시다.

주석 [Line 1]

```
Line  helloworld.py
1     #Hello World Program
```

주석은 프로그램 코드에 메모를 추가하고 설명을 달 수 있는 특별한 텍스트입니다. 주석은 프로그램 실행에는 영향을 주지 않으며, 코드를 이해하고 유지보수하는 데 도움이 됩니다. 파이썬에서 주석은 아래와 같이 #으로 한 줄 주석을, '''으로 여러 줄의 주석을 작성할 수 있습니다.

```
주석 1   #주석 내용

주석 2   #한 줄 모두가 주석이며, 줄 끝까지 주석 처리가 됩니다.
-----------------------------------------------------------
        ''' 여기서 부터는
주석 3       아무리 여러 줄로 이뤄졌더라도
            주석으로 인식합니다. '''
```

print() [Line 2-3]

Line	helloworld.py

```
2    print('Hello World!')
3    print('What is your name?')
```

이전 파이썬 쉘에서 설명했던 것과 같이, 괄호 안의 내용을 모니터에 출력합니다.

input() [Line 4]

Line	helloworld.py

```
4    name = input()
```

엔트리	파이썬
안녕! 을(를) 묻고 대답 기다리기 ?	input()

input()은 엔트리에서 묻고 대답하기 블록과 같습니다. 4번째 줄 코드가 의미하는 것은, input()으로 입력 받은 **값**을 name이라는 변수에 저장하는 코드입니다. 우리가 이전에 '김한양'이라고 키보드로 입력한 값을 name 변수에 저장한 것입니다.

예시

```
name = input('Input name: ')
```

```
(Python Shell)
>>>
Input name: 김한양
```

만약 input()의 괄호 안에 문자열을 입력하면, 입력받을 때 기존의 input()에 입력했던 문자열이 출력되며 입력을 받습니다. 입력은 input()의 출력과 같은 줄에서 받습니다.

▎두 개의 값을 함께 출력 [Line 5]

Line	helloworld.py
5	`print('It is good to meet you ' + name)`

출력 결과	파이썬
안녕! 과(와) 엔트리 를 합치기	'It is good to meet you ' + name

print()문 안의 문자열과 변수 name을 '+' 연산자로 합쳐주고 있습니다. name 또한 문자열이기 때문에, 문자열 + 문자열인 경우 엔트리의 합치기 블록과 같이 작동합니다.
즉, 5번째 줄 코드의 의미는 문자열을 합쳐 print()문으로 출력하게 하는 것이었습니다.

```
(Python Shell)
>>> 'example' + 10
Traceback (most recent call last):
  File "<pyshell#0>", line 1, in <module>
    'example' + 10
TypeError: can only concatenate str (not "int") to str
>>>
```

단, 문자열과 다른 타입(숫자 등)과 + 연산자를 수행할 경우, 에러가 발생합니다. 이는 값을 연산할 때에는 같은 형태의 자료들끼리만 연산할 수 있음을 나타냅니다. 나중에 자료형과 관련하여 더 자세하게 다루도록 하겠습니다.

이제 연습문제를 통해, 3.1절에서 배운 내용을 복습해봅시다.

실습 1 아래와 같이 실행해보고 결과를 봅시다.

(Python Shell)

```
>>> 2 / 4 * 3
______________
>>> 4 * 2 % 2
______________
>>> 4.0 - 2.0
______________
>>> 3600 / 60
______________
```

실습 2 아래 변수 milk에 들어 있는 값이 무엇인지 실행해봅시다.

(Python Shell)

```
>>> milk = 15
>>> milk + 5
______________
```

실습 3 아래와 같이 실행해보고 결과를 봅시다.

(Python Shell)

```
>>> 3 / 2
______________
>>> 3 // 2
______________
>>> 3 ** 2
______________
>>> 3 % 2
______________
```

실습 4 아래와 같이 실행해보고 결과를 봅시다.

```
(Python Shell)
>>> name = "Kim Han Yang"
>>> age = 20
>>> number = '0222200114'
>>> name
    ________________
>>> age
    ________________
>>> number
    ________________
```

실습 5 아래와 같이 사용자에게 이름을 묻고 함께 출력하는 프로그램을 작성해봅시다. (입력을 질문 다음 줄에서 받기)

```
(Python Shell)
이름이 뭐예요?
한양대학교
안녕하세요. 한양대학교
>>>
```

실습 6 아래와 같이 사용자에게 이름을 묻고 함께 출력하는 프로그램을 작성해봅시다. (입력을 질문과 같은 줄에서 받기) (Hint : input('문자열')로 입력하면 문자열이 출력되고 바로 옆에서 입력받을 수 있음)

```
(Python Shell)
이름이 뭐예요? 한양대학교
안녕하세요. 한양대학교
>>>
```

02

자료형과 형변환 함수

| 변수와 자료형 |

변수 (Variable)

변수(Variable)란, 프로그램 실행 중에 데이터(값)을 저장하는 공간이라고 했습니다.

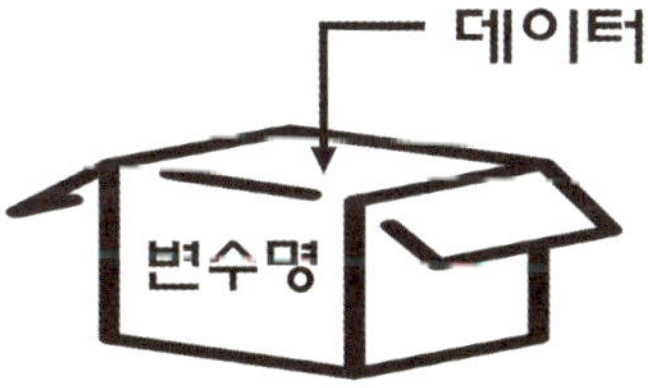

처음의 변수라는 공간의 이름, 즉 변수명을 설정하는 데 있어 파이썬에서는 주의할 점들이 있습니다.

- **변수의 역할을 가장 잘 설명하는 이름이어야 합니다.**
  나이를 나타내는 변수명을 'age'라 하지 않고 'name'이라고 설정한다면, 이후의 코드 사용에 있어서 당연히 헷갈릴 것입니다. 따라서 앞으로의 변수 사용에 있어서 직관적으로 어떤 데이터를 담고 있는지에 대해 알 수 있도록 이름을 지어주는 것이 좋습니다.

- **변수의 이름은 대소문자를 구별합니다.**

  보통의 프로그래밍에 있어서 대부분 영어를 사용합니다. 파이썬도 영문자로 변수명을 사용하게 되는데, 변수명에서 대소문자를 구분하므로, 'name'과 'Name'은 다른 변수입니다.

```
(Python Shell)
>>> name = "a"
>>> Name = 1
>>> print(name)
a
>>> print(Name)
1
```

- **파이썬에서 사용하는 키워드는 변수명으로 사용이 불가합니다.**

  print, for, if, int 등의 키워드로 쓰이는 문자열 단독으로는 변수명 사용이 불가합니다. 예를 들어 'print = 10'으로 변수명을 설정하는 경우, 쉘(Shell)에서는 사용이 가능한 것처럼 보이지만, 'print(print)'와 같이 변수를 호출하게 되는 경우 문제가 발생하게 됩니다.

```
(Python Shell)
>>> print = 20
>>> print("a")
Traceback (most recent call last):
  File "<pyshell#1>", line 1, in <module>
    print(print)
TypeError: 'int' object is not callable
```

이는 키워드를 더 이상 키워드로 쓰이지 못하게 하는 결과를 초래하므로, 반드시 키워드를 변수명으로 하는 일은 없어야 합니다.

- **숫자로 시작해서는 안됩니다.**

```
(Python Shell)
>>> 1a = 20
...
SyntaxError: invalid decimal literal
```

- **공백이 있으면 안됩니다.**

```
(Python Shell)
>>> a b = 20
...
SyntaxError: invalid syntax
```

- **밑줄문자(Underscore, _)를 제외한 특수문자는 사용할 수 없습니다.**

밑줄문자를 제외한 특수문자(+,-,%,/,$ 등)는 연산자로의 쓰임이 정해져 있어, 변수명으로 사용하려 해도 연산자로 인식되기 때문에 변수명으로 사용할 수 없습니다. 그러나 밑줄문자는 사용할 수 있습니다. 따라서 변수명을 지을 때 공백 대신에 띄어쓰기 용도로 밑줄문자를 많이 사용합니다.

```
(Python Shell)
>>> a-b = 20
...
SyntaxError: cannot assign to literal here. Maybe you meant '=='
instead of '='?
>>> a_b = 20
...
>>> a_b
...
20
>>>
```

자료형 (Data Type)

자료형이란, 변수에 저장된 데이터의 유형을 말합니다. Python은 동적 타이핑 언어로, 변수에 할당된 값에 따라 자동으로 적절한 자료형을 지정합니다. 따라서 변수의 자료형을 명시적으로 선언할 필요는 없지만, 필요할 때 자료형을 확인하거나 변경할 수 있습니다. 다음은 파이썬에서 사용할 수 있는 자료형 중 일부입니다.

- **정수형(int) : 소수점이 없는 숫자**
  ex) 1, 0, -5

- **실수형(float) : 소수점이 있는 숫자**
  ex) 1.4, 2.3, -0.5

- **문자열(str) : 문자의 열, 따옴표 안에 있는 문자 혹은 문자들**
  ex) 'hanyang', "hello", '3', "5.0"
  따옴표로 이뤄진 것들은 안의 내용이 숫자더라도 문자열로 인식함.

서로 다른 자료형끼리의 연산?

만약 다른 자료형 간의 연산은 어떻게 처리될까요? 한번 정수, 실수, 그리고 문자열과 함께 알아봅시다.

type() 함수

먼저 각 데이터가 어떤 자료형인지 알고 싶을 때, type() 함수를 사용할 수 있습니다.

(Python Shell)

```
>>> type(3)
<class 'int'>
>>> type(3.14)
<class 'float'>
>>> type('pi')
<class 'str'>
```

- 숫자 3 – 정수 int
- 숫자 3.14 – 실수 float
- 글자 'pi' - 문자열 str

정수와 실수 간의 연산

정수와 정수, 실수와 실수끼리의 연산은 당연히 그 자료형의 결과를 나타낼 것입니다. 그렇다면, 정수와 실수라는 서로 다른 자료형끼리 연산하면 어떻게 될까요?

(Python Shell)

```
>>> 1 + 1.4
2.4
>>> type(1 + 1.4)
<class 'float'>
```

파이썬에서는 실수의 표현 범위가 정수보다 더 넓기에, 정수형과 실수형 간의 연산 결과는 자연스레 실수형이 됩니다.

정수의 나눗셈

정수와 실수의 연산은 자동으로 실수형으로 바꿔줍니다. 그런데, 정수끼리의 연산에서 자동으로 실수형으로 바꿔주는 연산이 있습니다. 바로 나눗셈(/)입니다.

(Python Shell)

```
>>> 3/4
0.75
>>> type(3/4)
<class 'float'>
```

3/4는 정수로 나타내려면 몫과 나머지로밖에 표현할 수 밖에 없습니다. 그런데 파이썬에서는 자동으로 정수의 나눗셈을 실수형(float)로 바꿔줍니다.

문자열과 실수(또는 정수) 간의 연산

실수와 정수 간의 연산은 최종 결과가 더 넓은 표현 범위였던 실수형으로 나타났습니다. 그러면 문자열과 숫자의 연산은 어떻게 처리될까요? 문자열과 숫자는 서로 연산이 가능할까요?

(Python Shell)

```
>>> 'a' + 1
Traceback (most recent call last):
  File "<pyshell#5>", line 1, in <module>
    'a'+1
TypeError: can only concatenate str (not "int") to str
```

예시와 같이 당연히 서로 형태가 다르므로 연산이 되질 않습니다.

| 형변환 함수 |

파이썬에서는 각 자료형을 다른 자료형으로 변환해주는 함수가 내장되어 있습니다. 하지만 이 형변환 함수가 왜 필요한지는 다음 예제를 통해 알아봅시다.

두 수 입력받아 더한 값 출력하기

plus.py

```
print('첫 번째 숫자를 입력하세요.')
num1 = input()
print('두 번째 숫자를 입력하세요.')
num2 = input()
num3 = num1 + num2
print(num3)
```

실행 결과

```
        첫 번째 숫자를 입력하세요.
(입력)  10
        두 번째 숫자를 입력하세요.
(입력)  20
        1020
```

plus.py 코드에서와 같이, 우리는 숫자를 input() 함수로 입력받아 두 숫자를 더한 값을 num3 변수에 저장했습니다. 그리고 print() 함수로 출력을 했더니 결과가 어떻게 나왔나요? 예시의 경우 10과 20을 입력했으니 30이 나와야 했겠지만, 사실은 1020이 나왔습니다!

사실 우리가 키보드로 입력한 값을 받아주는 input() 함수는 문자열로 값을 받아옵니다. 즉, 변수에 입력받은 값을 저장할 때 문자열로 저장하게 되면서, 'num1 + num2'는 두 문자열을 더한 것과 같습니다. 그리고 문자열의 더하기 연산은 곧 두 문자열을 이어 붙여주는 것이므로 '10'과 '20' 문자열을 이어 붙인 '1020'이 나오게 된 것이죠.

그렇다면 어떻게 우리가 원하는 숫자, 즉 정수형끼리의 연산으로 바꿀 수 있을까요? 바로 형변환 함수를 통해 가능합니다. 즉 str(문자열) 자료형을 int(정수) 자료형으로 바꿔주는 함수를 통해 '10'을 숫자 10으로 값을 바꿔줄 수 있습니다. 각 자료형 함수는 다음과 같습니다.

- int() 함수 : ()안의 내용을 int(정수) 자료형으로 바꿈
- float() 함수 : ()안의 내용을 float(실수) 자료형으로 바꿈
- str() 함수 : ()안의 내용을 str(문자열) 자료형으로 바꿈

각 함수에 대해 더 자세히 알아보도록 하겠습니다.

int() 함수

int()의 괄호 안에 문자열을 넣으면 정수로 만들 수 있습니다.

(Python Shell)

```
>>> int('10')
10
>>> type( int('10') )
<class 'int'>
```

단, 정수로 이루어진 문자열이어야 합니다. 다른 문자가 들어가거나, 실수로 이루어진 문자열인 경우, int() 함수는 에러를 발생합니다.

(Python Shell)

```
>>> int('3.14')
    Traceback (most recent call last):
      File "<pyshell#12>", line 1, in <module>
        int('3.14')
    ValueError: invalid literal for int() with base 10: '3.14'
>>> int('a')
    Traceback (most recent call last):
      File "<pyshell#13>", line 1, in <module>
        int('a')
    ValueError: invalid literal for int() with base 10: 'a'
```

실수형 값을 괄호 안에 넣을 경우, 실수의 정수 부분만을 나타내고, 소수 부분은 모두 버립니다.

(Python Shell)

```
>>> int(3.14)
    3
>>> int(-2.15234)
    -2
```

float() 함수

float()의 괄호 안에 문자열을 넣으면 실수로 만들 수 있습니다. 안의 문자열은 정수로만 이루어져 있어도 실수로 반환됩니다. 단 int()와 마찬가지로 문자는 불가능합니다.

(Python Shell)

```
>>> float('3.14')
    3.14
>>> type( float('3.14') )
    <class 'int'>
```

(Python Shell)

```
>>> float('3')
3.0
>>> float(3)
3.0
```

(Python Shell)

```
>>> float('a')
Traceback (most recent call last):
>>>   File "<pyshell#22>", line 1, in <module>
    float('a')
ValueError: could not convert string to float: 'a'
```

str() 함수

str() 함수는 괄호 안의 정수형, 실수형, 그리고 문자열 그 자체 모두 문자열 자료형으로 바꿔줍니다.

(Python Shell)

```
>>> str(3)
'3'
>>> str(3.14)
'3.14'
>>> str('a')
'a'
```

plus.py 수정하기 1 – 입력값 int 형변환하기

이제 처음의 두 수를 입력받아 더한 값을 출력해주는 프로그램을 형변환 함수를 이용해 수정하고, 좀 더 프로그램 답게 발전시켜 봅시다.

Line plus.py

```
print('첫 번째 숫자를 입력하세요.')
num1 = input()
num1 = int(num1)
print('두 번째 숫자를 입력하세요.')
num2 = input()
num2 = int(num2)
num3 = num1 + num2
print(num3)
```

실행 결과

```
        첫 번째 숫자를 입력하세요.
(입력)  10
        두 번째 숫자를 입력하세요.
(입력)  20
        30
```

이제 입력받은 값을 문자열(str) 자료형이 아니라 정수(int) 자료형으로 받아 제대로 더한 값을 출력해주는 모습을 볼 수 있습니다! 그러면 프로그램의 목적을 달성했으니, 이번에는 프로그램의 코드 줄을 줄여봅시다.

plus.py 수정하기 2 – 함수 안에 함수 넣기

int() 함수를 예시로, 우리는 괄호 안에 값을 넣어 사용했습니다. 또, print() 함수도 괄호 안에 값을 넣어 출력해주었습니다. 각각의 함수들은 괄호 안의 값을 가지고 기능을 수행합니다. 그렇다면 함수의 괄호 안에 함수를 넣으면 어떻게 될까요? 한 번 아래의 예시를 살펴봅시다.

(Python Shell)

```
>>> print(int('100'))
100
```

먼저 print() 함수를 통해 괄호 안의 값을 출력하는 것을 알 수 있습니다. 그런데 괄호 안에는 int() 함수가 자리하고 있네요. 이번엔 int() 함수를 살펴보니 '100'이라는 문자열을 괄호 안의 값으로 받고 있음을 알 수 있습니다. 즉, '100' 문자열을 숫자 100으로 바꾸고, 이 숫자 100을 출력했다는 것임을 알 수 있습니다.

이처럼 파이썬에서는 함수 안에서 함수가 호출될 수 있고, 여러 함수가 호출되면 가장 안쪽 괄호 안에 있는 함수부터 수행되며, 차례로 실행됩니다. 이를 이용해 plus.py를 다음과 같이 수정할 수 있습니다.

Line	plus.py

```
1  print('첫 번째 숫자를 입력하세요.')
2  num1 = int(input())
3  print('두 번째 숫자를 입력하세요.')
4  num2 = int(input())
5  num3 = num1 + num2
6  print(num3)
```

Line 2, Line 4를 보시면 int() 함수 안에 input() 함수를 받고 있습니다. 즉 input() 함수를 통해 입력받은 문자열 값을 바로 int() 함수를 통해 숫자로 바꿔주는 것입니다.

따라서 함수 안의 함수를 이용하여 코드를 더 짧고 간결하게 만들 수 있습니다.

plus.py 수정하기 3 – 에러 확인하기

이제 결과를 출력하는 데 있어, 출력한 숫자가 두 수의 합이라는 사실을 알려주기 위해 마지막 Linc 6를 다음과 같이 수정하고 실행해 봅시다. 그러면 다음과 같이 에러가 발생합니다.

Line	plus.py

```
1  print('첫 번째 숫자를 입력하세요.')
2  num1 = int(input())
3  print('두 번째 숫자를 입력하세요.')
4  num2 = int(input())
5  num3 = num1 + num2
6  print('두 수의 합은 ' + num3)
```

실행 결과

```
         첫 번째 숫자를 입력하세요.
(입력)   10
         두 번째 숫자를 입력하세요.
(입력)   20
         Traceback (most recent call last):
           File ".../plus.py", line 6, in <module>
             print('두 수의 합은 ' + num3)
         TypeError: can only concatenate str (not "int") to str
```

에러를 자세히 살펴볼까요? 에러에서 말하고 있는 것은 line 6에서 문제가 발생했다고 말하고 있습니다. 즉 우리가 수정한 print() 함수에서 에러가 발생했음을 알 수 있죠. 마지막 줄에 TypeError가 발생했음을 알 수 있고, 그 뒤의 내용을 보면 오롯이 str(문자열) 자료형은 str 자료형과 이어 붙일 수 있다고 말하고 있습니다.

우리가 수정해준 것은 num3와 '두 수의 합은 '이라는 문자열을 더해준 것입니다. 그런데 살펴보니, num3는 이제 완전한 int(정수) 자료형입니다. 즉 다른 문자열과 num3 변수를 같이 출력하기 위해서는 num3를 str(문자열) 자료형으로 변환해 줄 필요가 있습니다. 따라서 str() 함수를 써서 이 에러를 해결해봅시다.

plus.py 수정하기 4 – 최종 코드 완성하기

num3와 관련된 에러를 해결하기 위해서는 두 가지 방법이 있습니다.

- num3 = str(num3)를 통해 num3를 문자열로 바꿈
- 또는 print() 함수 안에 str(num3)를 바로 더해줌

우리는 여기서 num3의 값이 나중에 쓰일 수도 있으므로, num3 값을 문자열이 아닌 숫자 값으로 보존하기 위해 print() 함수 안에서 str() 함수를 써 바로 문자열로 바꿔주는 방식으로 진행하도록 하겠습니다.

plus.py

```python
print('첫 번째 숫자를 입력하세요.')
num1 = int(input())
print('두 번째 숫자를 입력하세요.')
num2 = int(input())
num3 = num1 + num2
print('두 수의 합은 ' + str(num3))
```

실행 결과

```
        첫 번째 숫자를 입력하세요.
(입력)  10
        두 번째 숫자를 입력하세요.
(입력)  20
        두 수의 합은 30
```

실습 1 아래 변수 milk에 들어 있는 값이 무엇인지 실행해봅시다.

```
(Python Shell)
>>> milk = 15
>>> milk = milk + 5
>>> milk = milk + 5
>>> milk = milk + 5
>>> milk
```

실습 2 아래의 내용을 각각 코드로 작성해서 실행해봅시다.
(단, 소스코드 파일로 작성하고 실행해볼 것)

1) time이라는 변수에 100을 담습니다.
2) minute이라는 변수에는 time//60을 담습니다.
3) second이라는 변수에는 time%60을 담습니다.
4) minute와 second를 각각 출력해줍니다.

실습 3 변수 X(대문자)에 값을 입력받아 다음과 같은 식의 결과를 출력하는 프로그램을 작성해봅시다.

실행 결과

```
        몇 살이에요?
(입력)  20
        10년 뒤에는 30살이군요.
```

실습 4 아래와 같이 사칙연산 결과를 출력하는 프로그램을 작성해봅시다.

실행 결과

```
        첫 번째 숫자를 입력하세요.
(입력)  10
        두 번째 숫자를 입력하세요.
(입력)  5
        두 수의 덧셈은 15
        두 수의 뺄셈은 5
        두 수의 곱셈은 50
        두 수의 나눗셈은 2.0
```

실습 5 원의 반지름을 입력받아 원의 넓이를 구하는 작품을 완성해봅시다. (단, π(pi) = 3.14로 계산)

실행 결과

```
        반지름을 입력하세요.
(입력)  5
        원의 넓이는 78.5입니다.
```

실습 6 인스타그램 예제 1

아래와 같이 인스타그램 특정 인물의 이름과 팔로워 수를 각각 name과 follower_num 변수로 입력받아 저장하고 아래 그림과 같이 출력하는 프로그램을 작성하시오 (단, 소스 코드로 작성할 것)

실행 결과 1

```
(입력)  누구의 순위를 알고 싶니? 메시
(입력)  팔로워 수는 몇백만명이니? 483
        메시의 팔로워 수는 483백만명입니다.
```

실행 결과 2

```
(입력)  누구의 순위를 알고 싶니? 김한양
(입력)  팔로워 수는 몇백만명이니? 80.9
        메시의 팔로워 수는 80.9백만명입니다.
```

실습 7 인스타그램 예제 2

아래와 같이 인스타 그램 실습 예제 1과 동일하게 실행되고 동일한 이름과 팔로워 수를 입력했을때 아래와 같은 결과가 나오도록 프로그램을 작성하시오 (단, 소스 코드로 작성할 것)

(Hint. name과 follower_num 변수가 각각 문자열(str)과 실수형(float) 타입으로 저장되도록 할 것)

실행 결과 1

```
(입력)  누구의 순위를 알고 싶니? 메시
(입력)  팔로워 수는 몇백만명이니? 483
        메시의 팔로워 수는 483.0백만명입니다.
>>>     name
        '메시'
>>>     follower_num
        483.0
>>>     type(name)
        <class 'str'>
>>>     type(follower_num)
        <class 'float'>
```

실행 결과 2

```
(입력)  누구의 순위를 알고 싶니? 김한양
(입력)  팔로워 수는 몇백만명이니? 80.9
        메시의 팔로워 수는 80.9백만명입니다.
>>>     name
        '김한양'
>>>     follower_num
        80.9
```

03 함수

우리는 엔트리로 이름과 팔로워 수를 입력받고 출력해주는 함수를 작성했었습니다. 순차 코드를 함수로 만들어 함수만 호출하면 되도록 만들었죠. 바로 이전 장에서는 파이썬으로 순차 흐름으로만 만들어봤는데, 파이썬에서도 함수를 이용해 코드를 작성해보도록 하겠습니다.

| 함수란? |

그림 187 입력 – 블랙박스 – 출력

먼저 함수란 무엇이었는지 생각나시나요? 계속해서 봐왔던 위 그림의 블랙박스와 같다고도 설명했습니다. 특정한 입력이 함수에 주어지면, 함수는 함수 안의 코드들을 실행하여 특정한 출력을 내보냅니다. 즉, 함수는 특정한 기능을 수행하는 코드들의 모음이라 할 수 있습니다. 예를 들어, 우리가 파이썬에서 사용했던 print()도 괄호 안에 있는 문자열을 그대로 출력해주는 함수입니다. 우리가 괄호 안의 문자열을 입력으로 주어졌을 때, print() 함수는 그 문자열을 우리 IDLE 실행 화면에 보여질 수 있도록 출력해주는 기능을 수행하는 것입니다.

왜 함수를 사용하나요?

Line	함수를 사용하지 않은 예	함수를 사용한 예
1	`print('Hello. ' + 'Bob')`	`def sayHello(name):`
2	`print('Nice to meet you.')`	`    print('Hello. ' + name)`
3	`print('Hello. ' + 'Alice')`	`    print('Nice to meet you.')`
4	`print('Nice to meet you.')`	`sayHello('Bob')`
5	`print('Hello. ' + 'Python')`	`sayHello('Alice')`
6	`print('Nice to meet you.')`	`sayHello('Python')`
7	`print('Hello. ' + 'Hanyang')`	`sayHello('Hanyang')`
8	`print('Nice to meet you.')`	`sayHello('University')`
9	`print('Hello. ' + 'University')`	
10	`print('Nice to meet you.')`	

위의 예시는 함수를 사용하지 않은 것과 사용한 것의 코드를 비교한 것입니다. '함수를 사용한 예'의 1~3번째 줄이 sayHello() 함수를 정의한 부분입니다. 그리고 그 이후로는 sayHello() 함수를 호출하면 '함수를 사용하지 않은 예'에서의 1~2번째 줄과 같은 기능을 수행합니다. 왜 함수를 사용해야 하는지 보이시나요? 이유는 엔트리에서 배웠던 것과 같은 이유지만, 한 번 파이썬으로 함수를 구현한 위의 예시를 통해 알아봅시다.

- **코드의 간결성**
  - 코드가 중복되지 않고 간결해집니다.
  - 위 예시의 경우, 'Nice to meet you'를 출력하라는 코드가 계속 반복해서 쓰이고 있습니다. 결국엔 sayHello() 함수를 1줄 사용하는 것에 반해, 2줄씩 사용하는 기존의 순차 코드는 점점 코드 줄 수가 길어져 복잡해집니다.

- **코드의 재사용성**
  - 한 번 작성해둔 코드를 함수를 호출해 계속해서 재사용할 수 있습니다.

- 위 예시의 경우, sayHello()를 반복적으로 호출하여 이름만 바꿔 재사용이 가능한 것을 알 수 있습니다.

- **코드 수정의 용이성**
  - 함수 단위로 프로그램의 기능을 나누어 묶었기 때문에 수정이 더욱 쉽습니다.
  - 위의 예시의 경우, 인사말을 'Glad to meet you'라고 수정해본다고 하겠습니다. 그러면 함수를 사용하지 않은 예에서는 2, 4, 6, 8, 10번째 줄에서 각각을 수정해줘야합니다.

- **프로그램의 모듈화(Modulization)**
  - 기능별로 함수를 작성하여 프로그램의 모듈화가 증대됩니다.
  - 만약 위의 sayHello()에서 sayBye()함수를 추가로 만들게 된다면, 아래의 코드를 사용함에 있어서 sayHello()와 sayBye() 함수를 목적에 맞게 골라서 사용할 수 있을 것입니다. 즉, 각 목적에 맞는 함수만을 골라 조립하는 의미에서 함수는 프로그램의 모듈화 특성을 더욱 강화합니다.

지금까지 우리가 사용한 함수는?

우리는 지금까지 아래의 함수들을 사용해 왔습니다. 우리가 따로 함수를 정의하지 않았지만 바로 파이썬에서 사용할 수 있었습니다. 이처럼 프로그래밍에서 자주 사용되는 함수들의 경우엔 프로그래밍 언어에서 바로 사용할 수 있도록 '내장함수' 형태로 함수가 미리 정의되어 있습니다.

입력함수	출력힘수	형변환함수
input()	print()	int(), float(), str()

| 함수의 정의와 호출 |

만약 필요한 기능이 내장함수에 없으면 어떻게 해야할까요? 바로 함수를 정의해 파이썬에게 해당 함수가 어떤 기능을 수행하는지 알려주면 됩니다. 그 이후엔 자유롭게 함수를 호출하면 되는 것이죠.

Line	함수를 사용한 예

정의	`def sayHello(name):`
	`    print('Hello. ' + name)`
	`    print('Nice to meet you.')`

호출	`sayHello('Alice')`

우리가 위에서 봤던 '함수를 사용한 예'를 보겠습니다. sayHello() 함수를 정의하는 부분이 있고, 그 아래에 호출하는 부분으로 나뉘어져 있습니다. 먼저 sayHello() 함수가 어떤 함수인지 알려주고, 함수의 정의가 끝난 이후에 호출을 진행하는 방식입니다. 이제 함수의 정의와 호출에 대해 각각 자세히 알아보겠습니다.

함수의 정의

정의	`def 함수이름(매개변수):`
	`    <수행할 문장>`
	`    return 반환값`

함수를 정의할 때는 위와 같은 구조로 이루어져 있습니다.

- def
  - 함수를 정의할 때 쓰는 키워드입니다. 함수 정의를 시작할 때는 항상 이 키워드로 시작합니다.

- **함수이름**
  - 함수이름은 그 말대로 함수의 이름입니다. 어떤 기능을 하는 함수인지 알아볼 수 있는 이름으로 설정하면 함수를 호출할 때 직관성이 더 좋아집니다.

- **매개변수(Parameter)**
  - 매개변수는 함수이름 뒤 괄호 안에 오는 것입니다. 전달인자(Argument)라고도 하며, 수학에서 함수 f(x)를 말할 때의 x와 동일합니다. 즉, 이 함수에 대한 입력변수라고 할 수 있습니다.
  - 매개변수가 없는 경우엔 생략할 수 있습니다.

- **쌍점(:, colon)**
  - 매개변수까지 입력한 뒤, def 키워드 줄의 마지막 문자는 ':', 쌍점(콜론)으로 끝내야 합니다. 이 콜론은 함수 본문의 시작을 알리는 역할을 하며, 조건문, 반복문 등과 같은 코드 블록의 시작을 알리는 데에도 사용됩니다.

- **<수행할 문장>**
  - 함수가 호출되면 무엇을 수행할지 코드를 넣습니다.
  - 기호는 들여쓰기를 의미합니다. 파이썬은 들여쓰기(Indentation)를 사용하여 코드 블록을 정의하는 프로그래밍 언어입니다. 따라서 함수 또한 하나의 코드 블록이므로 항상 같은 공백(Space)크기 만큼의 들여쓰기를 해줘야 같은 함수 내 코드임을 인식할 수 있습니다.

- **return 반환값**
  - return을 통해 함수 내 값을 반환할 수 있습니다.
  - 결괏값이 없는 경우, return 문장을 생략할 수도 있습니다. 생략한 경우에는 'return None'이 수행됩니다.

매개변수와 반환값

함수를 호출할 때 입력값을 전달하기 위해서는 어떻게 해야할까요? 또 함수의 결괏값을 다시 받아오기 위해서는 어떻게 해야할까요? 아래의 예시를 통해 알아봅시다.

Line	plusThree.py

정의	`def f(x):                # x: 매개변수`
	`    result = x + 3`
	`    return result        # result 값 반환`

호출	`a = f(10)                # 10: 전달인자`

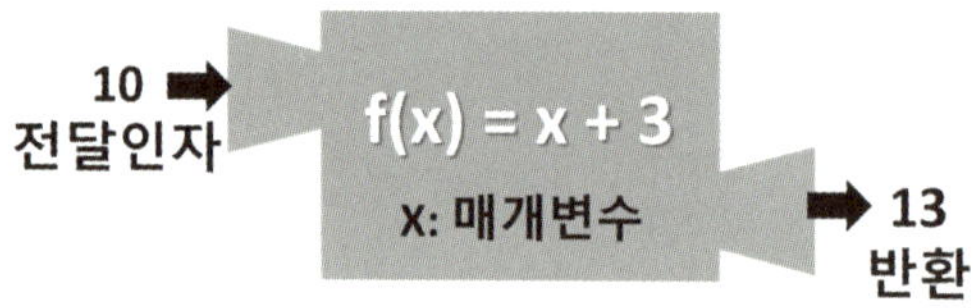

함수의 정의 부분에서는 "f(x)"라는 함수를 정의했습니다. x를 매개변수로 하여, result라는 변수에 x+3 값을 담고, result를 반환합니다. 함수의 호출 부분에서는 a라는 변수에 f(10)을 호출해 반환된 값을 저장합니다.

- 함수 호출 부분에서 정의된 함수로 값을 전달할 때 전달인자(Argument)를 사용합니다. 위의 예시에서는 '10'이 이에 해당합니다.
- 함수 정의 부분에서 함수가 호출될 시에 받을 인자를 매개변수로 지정합니다. 위의 예시에서 f(x)의 'x'가 이에 해당합니다. 따라서 호출 시에 '10'을 주면, 정의된 함수에서는 'x'에 '10'이 담겨 수행됩니다.
- 함수 정의 부분에서 호출된 부분으로 값을 내보낼 때는 반환(return)을 사용합니다. 위에 예시에서 result 값인 13을 반환하고, 이를 호출 부분에서 a 변수에 저장하고 있습니다.

함수의 호출

만약 **함수를 호출할 때 전달인자의 개수**와 **정의한 함수의 매개변수의 개수**가 서로 다르면 어떻게 될까요? 다음의 예시를 봅시다.

Line	plusThree.py	

정의	`def f(x):`
	`    result = x + 3`
	`    return result`
		`def f(x):`
		`    result = x + 3`
		`    return result`

호출	`a = f(10)`	`a = f(10, 10)`

Line	실행 결과	실행 결과
	(없음)	`TypeError: f() takes 1 positional argument but 2 were given`

plusThree.py의 실행 결과는 아무것도 나타나지 않습니다. 잘 수행되었다는 의미이므로 걱정하실 필요가 없습니다. 그러나 plusThreeError.py는 실행 결과가 어떤가요? TypeError가 뜨면서 1개의 argument만 받는데 2개나 주어졌다고 에러가 발생했습니다. 함수를 정의할 때 매개변수를 'x' 한 개만을 사용했는데, 호출 부분에서 f(10, 10)으로 전달인자가 2개나 주어져 파이썬에서는 제대로 인식할 수 없다는 것을 의미합니다. 따라서 **함수를 정의하고 호출할 때, 전달인자와 매개변수의 개수는 반드시 일치해야 합니다.**

함수 정의와 호출 예시

다음은 입력값과 반환값의 존재 여부에 따른 함수 정의 및 호출 예시입니다. 따라해보면서 함수에 대한 이해도를 키워봅시다.

• 입력값도 반환값도 없는 함수 예

Line	print_address.py

```
def print_address():
    print('서울시 성동구 왕십리로 222')
    print('한양대학교')

print_address()
```

Line	실행 결과

```
서울시 성동구 왕십리로 222
한양대학교
```

• 입력값은 있지만 반환값은 없는 함수 예 1

Line	print_address.py

```
def print_address(name):
    print('서울시 성동구 왕십리로 222')
    print('한양대학교')
    print(name)

print_address('홍길동')
print_address('김한양')
```

Line	실행 결과

```
서울시 성동구 왕십리로 222
한양대학교
홍길동
서울시 성동구 왕십리로 222
한양대학교
김한양
```

- 입력값은 있지만 반환값은 없는 함수 예 2

print_address.py

```python
def add(a,b):
    print(a+b)

add(1, 2)
add('1', '2')
```

실행 결과

```
3
12
```

- 위의 실행 결과를 보면 알 수 있듯이, 함수의 매개변수는 다양한 자료형(정수, 실수, 문자열 등)이 될 수 있습니다.

- 입력값과 반환값이 모두 있는 함수 예
  - 아래의 예시는 반지름을 입력으로 하여 원의 넓이를 구하는 함수입니다.

circle_area.py

```python
def calc_circle_area(radius):
    area = 3.14 * radius ** 2
    return area

c_area = calc_circle_area(5.0)
print('원넓이: ', c_area)
```

실행 결과

```
원넓이: 78.5
```

- 입력값이 없지만 반환값이 있는 함수 예

Line	circle_area.py

```python
def say():
    return 'Hi'

a = say()           # 반환값으로 받은 'Hi'를 a에 저장
print(a)
```

Line	실행 결과

```
Hi
```

- cf) print() 함수의 사용법
  - print() 함수 내에서 콤마(,)를 사용하면 다양한 자료형들의 값들을 한 칸씩 띄워서 입력할 수 있습니다.

Line	실행 결과

```
>>> print('Hanyang'+'University')
HanyangUniversity
>>> print('Hanyang','University')
Hanyang University
>>> print(1, 2, 3)
1 2 3
>>> print(1, 'Hello', 3.14)
1 Hello 3.14
```

• 함수의 매개변수, 인자, 반환값의 예 1

Line **func_example.py**

```
def func_a(x,y,z):                 매개변수: x,y,z
    result = x+y+z
    return result
f_result = func_a(10,20,30)        전달인자: 10,20,30
                                   반환: result (값: 60)
print(f_result)
```

Line **실행 결과**

```
60
```

• 함수의 매개변수, 인자, 반환값의 예 2

Line **func_example.py**

```
def func_b():                      매개변수: 없음
    result = 10 + 20
    print('result: ', result)
f_result = func_b()                전달인자: 없음
                                   반환: None
print(f_result)
```

Line **실행 결과**

```
30
None
```

- 함수의 매개변수, 인자, 반환값의 예 3

Line func_example.py

```
def func_c():                        매개변수: 없음
    result = 10 + 20
    return result
f_result = func_c()                  전달인자: 없음
                                     반환: result (값: 30)
print('result: ', f_result)
```

Line 실행 결과

```
result: 30
```

- 함수의 매개변수, 인자, 반환값의 예 4
  - 함수를 호출했을 때 return 값을 따로 변수에 저장하지 않고 바로 이용할 수 있습니다.

Line func_example.py

```
def func_d():                        매개변수: 없음
    result = 10 + 20
    return result
print('result: ', func_d())          전달인자: 없음
                                     반환: result (값: 30)
```

Line 실행 결과

```
result: 30
```

실습 1 아래는 hello()함수를 이용해서 출력하는 프로그램의 실행 예시다. hello()함수는 Hello와 함께 함수에 넣은 문자열과 함께 출력해주는 함수이다. 아래와 같이 실행되도록 빈칸 안에 함수를 정의하시오.

Line | 실행 결과

```
Hello Hanyang
Hello Python
Hello Creative Computing
```

Line | Exercise 1.py

```
[빈칸]

hello('Hanyang')
hello('Python')
hello('Creative Computing')
```

실습 2 아래는 insa()함수의 코드와 프로그램의 실행 예시다. 왼쪽 파이썬 코드를 실행하면 오른쪽과 같이 실행되도록 insa() 함수를 정의하시오. (단, insa()함수는 매개변수와 반환값이 없다.)

Line | 실행 결과

```
        이름이 뭐예요?
(입력)  한양대학교
        안녕하세요. 한양대학교
        이름이 뭐예요?
(입력)  파이썬
        안녕하세요. 파이썬
```

Line	Exercise 2.py

```
[빈칸]

insa()
insa()
```

실습 3 아래는 print_name()함수의 코드와 프로그램의 실행 예시다. 왼쪽 파이썬 코드를 실행하면 오른쪽과 같이 실행되도록 함수를 정의하시오.(단, print_name()함수는 2개의 매개변수(성, 이름)을 갖고 반환값은 없다.)

Line	실행 결과
(입력)	당신의 성은? 홍
(입력)	당신의 이름은? 길동
	당신의 전체 이름은 홍길동입니다.

Line	Exercise 3.py

```
[빈칸]

first = input('당신의 성은?')
last = input('당신의 이름은?')
print_name(first, last)
```

실습 4 아래는 2개의 정수 값을 입력해서 사칙연산(+,-,*,/)의 결과를 출력하는 프로그램의 실행 예시다. 아래와 같이 실행되도록 프로그램을 작성하되 모든 연산은 함수로 정의해서 작성하시오. (총 4개) (단, 각 함수는 2개의 숫자를 입력받아서 계산 후 출력한다.)

Line	실행 결과
	첫 번째 숫자를 입력하세요.
(입력)	1
	두 번째 숫자를 입력하세요.
(입력)	2
	더하면 3
	빼면 -1
	곱하면 2
	나누면 0.5

Line **Exercise 4.py**

```
#함수 정의 부분

                [빈칸]                #add, sub, mul, div
                                      #총 4개의 함수를 정의

print('첫 번째 숫자를 입력하세요.')
num1 = int(input())
print('두 번째 숫자를 입력하세요.')
num2 = int(input())

#함수 호출 부분
add(num1, num2)
sub(num1, num2)
mul(num1, num2)
div(num1, num2)
```

실습 5 아래는 circle_length() 함수의 코드와 프로그램의 실행 예시다. 왼쪽 파이썬 코드를 실행하면 오른쪽과 같이 실행되도록 circle_length() 함수를 정의하시오. (단, 원의 둘레 = 2 * 3.14 * 반지름(r) 로 계산하고, circle_length() 함수는 1개의 매개변수를 갖고 1개의 반환값(result: 원의 둘레값)을 갖는다.)

Line	실행 결과
(입력)	반지름을 입력하세요. 5.3 원의 둘레는 33.284입니다.

Line | **Exercise 5.py**

```
#반지름 입력 받아 원의 둘레 반환하는 함수 구현

[빈칸]

r = float(input('반지름을 입력하세요.'))
result = circle_length(r)
print('원의 둘레는 ' + str(result) + '입니다.')
```

순차 코드 실습

인스타그램 순위를 검색할 인물과 팔로워 수를 물어보고 입력받아 인물의 이름과 팔로워 수를 함께 출력하는 프로그램을 함수로 작성하고, 프로그램을 실행하면 아래와 같이 두 번 연속으로 함수가 호출(실행)되도록 아래의 빈칸 1, 빈칸 2를 채워 전체 코드를 완성하시오. (단, 소스 코드로 작성할 것)

- 3.2절 '인스타그램 실습 예제 2'코드를 참조할 것
- 함수를 두 번 호출할 것

Line	실행 결과
(입력)	누구의 순위를 알고 싶니? 메시
(입력)	팔로워 수는 몇백만명이니? 483
	메시의 팔로워 수는 483.0백만명입니다.
(입력)	누구의 순위를 알고 싶니? 김한양
(입력)	팔로워 수는 몇백만명이니? 80.9
	메시의 팔로워 수는 80.9백만명입니다.

Line | Problem.py

```
#인스타그램 인물 이름과 팔로워 수 입출력 함수 정의

def instaSearchInput():

            [빈칸 1]


#인스타그램 인물 이름과 팔로워 수 입출력 함수 호출

            [빈칸 2]
```

04
지역변수 VS 전역변수

| 지역변수와 전역변수 |

변수를 이용해 데이터를 저장할 때, 주의해야 할 점이 있습니다. 바로 **지역변수(Local Variable)와 전역변수(Global Variable)**를 다룰 때 둘의 차이를 잘 이해하는 것입니다. 변수의 이름과 같이 **지역(Local)에만 존재하는 변수**인지, **전역(Global)으로 있는 변수**인지의 차이가 있습니다. 아래 예시를 살펴봅시다.

add_number.py

```
def add():
    number = 5
    number = number + 3
    print(number)

number = 5
add()
print(number)
```

지역변수 number

전역변수 number

실행 결과

```
8
5
```

위의 프로그램은 'number'라는 똑같은 이름의 변수를 계속해서 사용하고 있습니다. add() 함수 내에서도 number가 사용되며, add() 함수를 호출하기 전과 후에도 number를 사용하고 있습니다. 한 번 순서를 볼까요?

1) 먼저 add() 함수를 정의했습니다.
2) number에 5를 저장합니다.
3) add() 함수가 호출됩니다.
   3-1) number에 5를 저장합니다.
   3-2) number+3을 다시 number에 저장합니다. (값: 8)
   3-3) print()문을 통해 number를 출력합니다.
4) add() 함수가 종료된 후, print()문을 통해 다시 number를 출력합니다.

위의 순서대로 프로그램이 실행되었는데, print()로 출력된 값은 다릅니다. 분명 add() 함수에서 최종적으로 값 8을 number에 저장했는데, 마지막으로 출력한 number는 add() 함수를 호출하기 전의 값인 5를 출력합니다. 왜 그럴까요? 한 번 다음과 같이 Line 6을 주석 처리를 하고서 다시 실행해 봅시다.

add_number.py

```
1  def add():
2      number = 5
3      number = number + 3
4      print(number)
5
6  #number = 5
7  add()
8  print(number)
```

지역변수 number (Line 1–4)

전역변수 number (Line 6–8)

Line	실행 결과

```
8
Traceback (most recent call last):
  File ".../add_number.py", line 7, in <module>
    print(number)
NameError: name 'number' is not defined
```

add() 함수를 실행해 생성된 number 변수를 인식하지 못합니다! 즉, 함수 바깥에서 실행된 Line 8의 print() 함수가 실행될 때, number라는 이름의 변수가 존재하지 않는 것입니다. 이처럼 함수 안에서 정의(선언)되고, 함수 바깥으로 나올 때 사라지는 변수를 **지역변수**라고 부릅니다. 그리고 Line 6에서 정의된 number와 같이 함수 바깥, 프로그램 전체에서 정의(선언)된 변수를 **전역변수**라고 합니다. 다시 지역변수와 전역변수를 간단히 정리하면 다음과 같습니다.

- **지역변수**
  - 함수 정의 부분(내부)에서만 유효한 변수
  - 함수가 호출되었을 때 생성되며 함수를 벗어날 때 사라짐

- **전역변수**
  - 프로그램 전체에서 유효한 변수
  - 프로그램이 시작될 때 생성되며, 프로그램 끝날 때 사라짐

- **변수명**
  - 지역변수와 전역변수의 이름이 서로 같아도, 별개의 변수입니다.

| 함수의 반환값 이용 |

지역변수가 함수가 종료될 때 사라지는 변수라면, 프로그램을 실행하면서 지역변수의 값을 어떻게 보존할 수 있을까요? 바로 함수의 반환값(Return Value)을 이용하는 것입니다. 함수 안에서 지역변수 값을 return 문으로 반환해 전역 변수에 저장할 수 있습니다. 이번에는 이름을 바꿔보는 예제를 통해 알아보겠습니다.

Line | spam.py

```
def spam(myName):
    print('안녕,', myName)
    myName = '김한양'
    print('새 이름은', myName)

myName = '홍길동'
spam(myName)
print('반가워,', myName)
```

지역변수 myName

전역변수 myName

Line | 실행 결과

```
안녕, 홍길동
새 이름은 김한양
반가워, 홍길동
```

cf) 함수의 매개변수도 지역변수입니다.

처음 위의 코드에서는 spam() 함수에서 '김한양'이라고 이름을 새로 바꿨지만, 전역 변수로의 myName에는 반영이 되지 않습니다. 전달인자, 또는 함수의 매개변수로 전달해준 전역변수도 함수 내에서는 새로운 지역변수로 취급되어 사용되기 때문입니다. **즉, 전달인자(Argument)는 그 변수를 전달하는 것이 아니라, 함수의 매개변수에 전달인자의 값을 저장하는 방식입니다.** 따라서 우리는 함수의 반환값을 이용해 함수에서 변경된 값을 사용할 수 있도록 해보겠습니다.

Line	spam.py

```
1 def spam(myName):
2     print('안녕,', myName)
3     myName = '김한양'
4     print('새 이름은', myName)
5     return myName
6
7 myName = '홍길동'
8 myName = spam(myName)
9 print('반가워,', myName)
```

지역변수 myName (Line 1–5)

전역변수 myName (Line 7–9)

Line	실행 결과

```
안녕, 홍길동
새 이름은 김한양
반가워, 김한양
```

드디어 함수 안에서의 값을 전역변수로까지 저장하는 데 성공했습니다! Line 5의 return 문을 새로이 추가하면서, 변수 이름은 똑같이 'myName'이지만, '김한양'이라는 **지역변수 값**을 전역변수에 저장할 수 있게 되었습니다. 위의 Line 8을 보면 등호(=)를 기준으로 오른쪽의 myName은 '홍길동'을 전달인자로 보내게 되고, 왼쪽의 myName은 spam(myName)의 결괏값인 '김한양'이 저장됩니다. 이렇게 함수의 반환값을 통해 사라지는 지역변수 값을 전역변수에 저장해 지속해서 사용할 수 있습니다.

| 함수에서 전역변수 불러오기 |

먼저 함수의 반환값을 이용해 지역변수 값을 전역변수로 저장하는 방식을 알아봤습니다. 그렇다면 함수에서 바로 전역변수를 이용하는 방법은 없을까요? 다시 한번 아래의 프로그래밍 규칙을 생각해 봅시다.

- **전역변수와 지역변수의 변수명이 같아도, 별개의 변수입니다.**

변수명이 같아도 별개의 변수로 취급된다면, 함수 내부에서 정의하는 'myName'과 같은 변수들은 항상 지역변수가 되는 것이라 볼 수 있습니다. 하지만 프로그래밍을 하다 보면 매번 전역변수를 매개변수로 전달하며 다시 return 문을 통해 반환하는 과정은 작성하기 귀찮고, 전역변수를 불러와 함수 내에서 사용해야 하는 경우도 생깁니다. 이를 해결하기 위해 파이썬에서는 **'global'**이라는 키워드를 제공하고 있습니다. global 키워드를 이용해 함수에서 전역변수를 불러와 봅시다.

Line | spam.py

```
1  def spam():
2      global myName
3      print('안녕,', myName)
4      myName = '김한양'
5      print('새 이름은', myName)
6
7  myName = '홍길동'
8  spam()
9  print('반가워,', myName)
```

전역변수 myName (Line 2–5)

전역변수 myName (Line 7–9)

Line | 실행 결과

```
안녕, 홍길동
새 이름은 김한양
반가워, 김한양
```

global 키워드를 사용하여 변수명을 호출하면, 함수 내에서 전역변수를 사용할 수 있습니다. 이제 함수 내에서 myName 변수명은 전역변수로 인식하기 때문에, 함수가 종료되어도 계속해서 전역변수는 사라지지 않고 다른 곳에서 사용될 수 있습니다. 덕분에 spam() 함수에서 전역변수 myName을 불러와 '김한양'을 저장했고, Line 9에서 myName 값은 '김한양'이 된 모습을 볼 수 있습니다.

| 함수에서 전역변수 선언하기 |

함수에서 전역변수를 바로 선언할 수도 있습니다. global 키워드를 사용 후, 그 변수를 함수에서 정의하면 됩니다. 그러면 함수가 종료된 후에도 함수 내에서 선언한 변수였음에도 불구하고 전역변수로 설정했기 때문에 지역변수처럼 사라지지 않고 계속해서 해당 변수를 사용할 수 있습니다.

Line | **spam.py**

```
def spam():
    global myName
    myName = '홍길동'
    print('안녕,', myName)
    myName = '김한양'
    print('새 이름은', myName)

spam()
print('반가워,', myName)
```

전역변수
myName

전역변수
myName

Line | **실행 결과**

```
안녕, 홍길동
새 이름은 김한양
반가워, 김한양
```

실습 1 아래와 같은 코드를 작성하고 실행 결과를 확인해보시오.

say-error.py

```
say()

def say():
    print('Hi')
```

실행 결과

cf) 함수를 호출할 때는 항상 함수가 먼저 정의되어 있어야 합니다.

실습 2 아래와 같은 코드를 작성하여 실행하면 어떤 결과가 나올지 먼저 예측해보고, 실행한 후 예측한 결과가 맞는지 확인해보시오.

say-error.py

```
def say():
    print('Hi')

result = say()
print(result)
```

실행 결과

실습 3 다음은 처음에는 name에 'Hanyang'이라는 이름을 저장 후 사용하다가 중간에 changeToPython() 이라는 함수를 수행하고 나서 name에 저장된 값이 'Python'으로 바뀌게 된 것을 보여준다.

Line	실행 결과

```
Hello. Hanyang
In the function 1: Hanyang
In the function 2: Python
Hello. Python
```

이와 같이 동작될 수 있도록 아래의 changeToPython() 함수(매개변수 1개, 반환값 1개)를 완성하고 아래 [1], [2]에 들어갈 코드도 작성하시오.

Line	say-error.py

```
def changeToPython():




name = 'Hanyang'
print('Hello.', name)
#changeToPython() 함수를 호출하여 name을 변경
  [2]
print('Hello.', name)
```

05

연산자

우리는 파이썬을 배우며, 일상생활에서도 쓰였던 기호들을 통해 덧셈(+), 뺄셈(-), 곱셈(*), 나눗셈(/) 등의 산술 연산을 구현했었습니다. 그러나 이런 기호들 외에도 프로그래밍에서는 산술 연산 외에도 다양한 연산을 수행할 수 있습니다. 각 연산의 종류와 함께 연산자에 대해 알아보도록 하겠습니다. 앞으로 배우게 될 파이썬에서의 조건 흐름에서도 계속해서 쓰일 연산자들이므로 잘 파악하고 알맞게 쓸 수 있도록 열심히 배워봅시다.

연산자(Operator)와 피연산자(Operand)

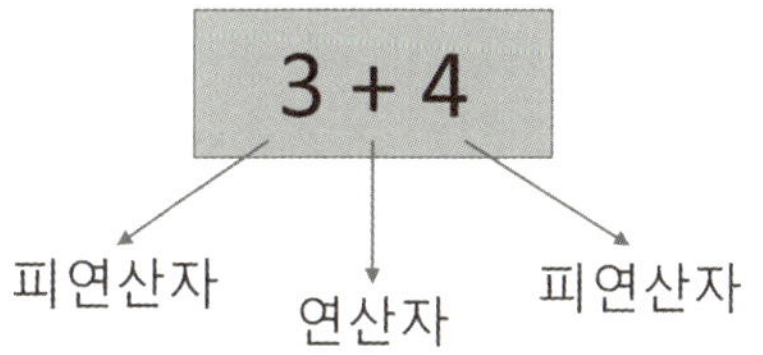

연산자의 종류

분류	연산자
산술 연산자	+, -, *, /, //, %, **
대입 연산자	=
비교 연산자	>, <, ==, !=, >=, <=
논리 연산자	and, or, not

연산자의 종류로는 총 4가지가 있습니다. 위와 같이 산술 연산자, 대입 연산자, 비교 연산자, 논리 연산자가 있으며, 추가로 대입 연산과 산술 연산을 합친 복합 대입 연산자가 있습니다. 각 종류에 따른 연산자에 대해서 알아봅시다.

| 산술 연산자 |

산술 연산자는 이전의 프로그래밍 실습 예제 등에서 다뤘기 때문에 익숙한 친구들입니다. 덧셈(+), 뺄셈(-), 곱셈(*), 나눗셈(/), 나머지(%), 몫(//), 거듭제곱(**) 연산자가 있으며, 두 피연산자를 각 연산자의 기능에 맞게 산술 연산을 수행합니다.

산술 연산자	예시	설명	결과
+	5+2	덧셈	7
-	5-2	뺄셈	3
*	5*2	곱셈	10
/	5/2	나눗셈	2.5
//	5//2	몫 계산	2
%	5%2	나머지 계산	1
**	5**2	거듭제곱	25

| 대입 및 복합 대입 연산자 |

대입 연산자

대입 연산자(=)는 연산자 오른쪽의 값을 왼쪽에 있는 변수에 저장하는 연산자입니다. 계속해서 우리가 파이썬 프로그래밍을 하며 "(변수) = (값)" 형태로 '=' 기호를 사용했는데, 이 등호가 곧 대입 연산자로 사용됐기 때문에 변수에 값을 저장할 수 있었던 것입니다.

대입 연산자	예시	설명
=	i = 3	'i'라는 변수에 3을 대입

복합 대입 연산자

대입 연산자에서 등호(=) 오른쪽은 '값'을 의미했습니다. 이 '값'은 "5+3"과 같이 또 다른 연산자를 포함한 식이 포함될 수 있습니다. 따라서 "5+3"을 먼저 계산하고, 그 결과인 8을 최종적으로 등호 왼쪽의 변수에 저장할 것입니다. 그런데 변수 자기 자신의 값을 '값'에 해당하는 산술 연산의 피연산자로 들어가는 경우는 어떨까요?

대입 연산자	예시	설명
=	a = a+3	'a'라는 변수에 'a+3' 결괏값을 대입

이렇게 오른쪽의 '값'에 해당하는 부분에서 저장할 변수 자기 자신의 값을 이용하는 경우가 존재합니다. 그런데, 'a'라는 문자가 중복되어 사용되는 것을 더 간단히 하기 위해 파이썬에서는 대입과 연산을 한번에 같이 해주는 **복합 대입 연산자**를 지원합니다.

복합 대입 연산자	예시	설명
+=	a += 3	a = a+3
-=	a -= 3	a = a-3
*=	a *= 3	a = a*3
/=	a /= 3	a = a/3
%/	a %= 3	a = a%3

위의 예시는 변수명이 'a'라는 1글자 변수명이므로, 수식을 줄여서 쓸 수 있다는 것에 대해 큰 장점이라고 느끼지 못할 수도 있습니다. 하지만 다음과 같이 변수명을 조금이라도 길게 해볼까요?

연산자	예시
+=	followsNumber += 3
=	followsNumber = followsNumber+3

어떤가요? 연산자가 있는 경우와 없는 경우가 글자 수에서 확실히 차이가 납니다. 만약 위와 같은 기능을 수행하는 코드를 여러 번 작성해야 한다면, 계속해서 같은 변수명을 입력하는 것은 번거롭고 시간도 많이 들 것입니다. 따라서 복합 대입 연산자는 수식을 단축해 코드의 가독성을 증가시키고, 프로그래밍 작업 시간도 줄여주는 역할을 합니다.

| 비교 연산자 |

비교 연산자는 그 말대로 두 피연산자를 비교하는 연산자이며, 두 값을 비교해 참(True)인지, 거짓(False)인지를 나타냅니다. 먼저 참, 거짓 자료형인 Boolean 타입에 대해 알아보고, 비교 연산자에는 무엇이 있는지 알아보도록 하겠습니다.

Boolean Type

비교 연산자, 그리고 이후에 나올 논리 연산자는 참, 거짓을 결괏값으로 가집니다. 이러한 참, 거짓 자료형을 Boolean(불리언) Type이라고 부르는데, 이 자료형은 숫자로도 나타낼 수 있습니다. True(참)는 숫자 1, False(거짓)는 0을 나타냅니다.

```
>>> True
True
>>> int(True)
1
>>> False
False
>>> int(False)
0
```

비교 연산자

비교 연산자	예시	설명	결과
>	5>2	5가 2보다 큰지 비교	True
<	5<2	5가 2보다 작은지 비교	False
>=	3>=3	3이 3보다 크거나 같은지 비교	True
<=	4<=2	4가 2보다 작거나 같은지 비교	False
==	5==5	5가 5와 같은지 비교	True
!=	5!=3	5가 3과 다른지 비교	True

위의 예시와 설명을 보면 알 수 있듯, 첫 번째 피연산자가 기준이 되어 두 번째 연산자와의 관계가 비교 연산자와 같은지 다른지를 비교합니다. 그리고 비교한 결괏값은 Boolean 자료형인 True(참) 또는 False(거짓)가 됩니다.

| 논리 연산자 |

논리 연산자는 우리가 중·고등학교 때 명제에서 나오는 '그리고', '또는' 등과 같은 논리합(or), 논리곱(and)과 부정(negation)이 있습니다. 논리 연산자는 연산의 결과로 비교 연산자와 같이 Boolean 자료형을 갖습니다.

논리 연산자	예시	설명
and	a and b	a와 b가 모두 참이면 참(True) 그렇지 않으면 거짓(False)
or	a or b	a와 b가 모두 거짓이면 거짓(False) 그렇지 않으면 참(True)
not	not a	a의 부정. 참이면 거짓(False) 거짓이면 참(True)

연산자 우선순위

지금까지 산술연산자부터 논리연산자까지 다양한 연산자에 대해 배웠습니다. 여기서 우리는 연산자의 우선순위를 고려할 필요가 있습니다. 파이썬에서는 다음과 같은 우선순위를 두어 연산자를 인식하고 프로그램을 수행합니다.

우선순위	연산 종류	연산 종류 안에서의 우선 순위
1	괄호 ()	
2	산술 연산	거듭제곱(**) > 곱셈=나눗셈=몫=나머지 > 덧셈=뺄셈
3	비교 연산	동일
4	논리 연산	not > or > and

우선순위의 예시를 들어볼까요?

예시	우선순위 적용
3+4*5-2**3/2	3+(4*5)-((2**3)/2)
A == B or A%3 == 0	(A == B) or ((A%3) == 0)

다시금 수학 문제를 푸는 것 같아 머리가 아플 수 있지만, 열심히 예시를 눈으로 따라가 연산자 우선순위를 익혀봅시다.

실습 1 다음과 같이 코드를 작성하고, 실행 결과를 확인해봅시다.

Line	operator1.py

```
a = 2
print(a)
a += 3
print(a)
a += a
print(a)
a *= a
print(a)
```

Line	실행 결과

실습 2 다음과 같이 코드를 작성해보고, 실행 결과를 확인해봅시다.

Line	operator2.py

```
a = 2
b = 3
print(a>b)
print(a<b)
print(a>=b)
print(a<=b)
print(a==b)
print(a!=b)
```

Line **실행 결과**

실습 3 다음과 같이 코드를 작성해보고, 실행 결과를 확인해봅시다.

Line **operator3.py**

```
a = 15
print(a>0 and a<10)
print(a>0 or a<10)
print(not a<10)
```

Line **실행 결과**

06

조건문 (Conditional Statement)

우리는 일상생활에서 일정 조건이 발생하면 그에 따른 행동을 하거나 결과를 받습니다.

- 만약 비가 오면 → 우산을 챙긴다.
- 만약 결석이 1/3 이상이면 → F학점을 받는다.
- 만약 60점 이상이면 → 합격이고,
- 그렇지 않으면 → 불합격이다.

예를 들어, "만약 비가 온다면 우산을 챙긴다."라는 문장을 생각해봅시다. 이 문장에는 조건(비가 오는 경우)과 그 조건에 따른 행동(우산을 챙기는 행동)이 있습니다. 프로그래밍에서도 이와 유사하게 '만약'에 해당하는 조건을 체크하고, 그 조건이 참일 때만 특정 행동을 하도록 코드를 작성합니다. 이전의 엔트리를 통한 블록코딩에서 조건 흐름에 대해 배웠습니다. '만약 ~(라)면' 블록을 통해 특정 조건을 만족할 시 블록 안의 코드들을 실행시켰죠. 이제 우리는 엔트리의 블록 코딩이 아니라 파이썬을 통해 프로그래밍 언어에서는 어떻게 조건문을 사용하는지 살펴보도록 하겠습니다.

| if문과 들여쓰기 |

if문

파이썬과 같은 프로그래밍 언어에서 조건문을 사용하기 위해서는 "if"를 사용합니다. 'if'는 영어의 '만약 ~하다면'과 같은 역할을 하며, 이후에 오는 조건이 참(True)인지 거짓(False)인지를 평가합니다.

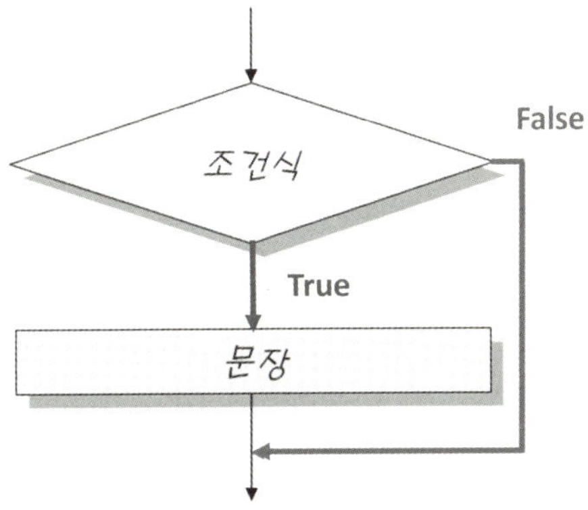

조건문.py

```
if 조건:

    들여쓰기된 실행코드 블록
```

- 조건식의 결과는 True 혹은 False입니다. 즉, Boolean Type 값을 가집니다.
- 만약 조건식의 결과가 True이면
  - 들여쓰기 된 코드 블록이 실행됩니다.
- 만약 조건식의 결과가 False이면
  - 들여쓰기 된 코드 블록이 실행되지 않고 넘어갑니다.
- 콜론(:)은 코드 블록의 시작을 알리는 것을 나타내며, 아래의 코드부터 if문(조건문)에 속한다는 것을 알려주는 역할을 합니다. 따라서 꼭 if 키워드를 사용한 뒤 조건 뒤에는 항상 콜론을 붙여야 합니다.

조건문 예시.py

```python
if number > 0:
    print('양수입니다.')
```

조건문 예시에서 "number > 0"를 보면, number가 0보다 클 때, 즉 양수일 때 아래의 print문이 실행됩니다. 예시에서와 같이 조건문의 "조건"에 해당하는 조건식의 최종 결과는 Boolean Type이 되어야 하므로, 보통의 경우 비교 연산자와 논리 연산자를 주로 사용합니다.

블록과 들여쓰기

블록이란 같은 조건일 때 실행되는 문장들을 묶어놓은 것을 말합니다. 파이썬에서는 이러한 블록을 들여쓰기로 구분하는데, 이전의 'def' 키워드, 함수를 정의할 때도 함수에서 실행할 코드들은 모두 들여쓰기를 진행했습니다. 이렇게 들여쓰기를 한 부분을 파이썬에서는 블록으로 인식하고, 조건문의 경우에서도 if문 아래에 실행되는 코드들은 같은 블록임을 알려주기 위해 들여쓰기를 진행합니다.

조건문-들여쓰기.py

블록

```
if 조건:
    실행코드 1
    실행코드 2
    실행코드 3
```

일반적으로 들여쓰기는 Space(공백) 4칸, 또는 Tab(탭)을 눌러 사용합니다. 파이썬 외의 다른 프로그래밍 언어에서도 관습적으로 대부분 공백 4칸(또는 Tab)을 들여쓰기 크기로 사용합니다. 하지만 들여쓰기로 블록을 구분하는 파이썬에서는 굳이 들여쓰기 크기가 공백 4칸이 아니어도 됩니다. 1칸이든 2칸이든 같은 블록 내 들여쓰기가 같으면 됩니다. 하지만 다른 사람들과의 협업을 진행할 시에는 다른 프로그래머들의 경우에도 관습적으로 들여쓰기의 크기를 공백 4칸으로 해왔기 때문에 들여쓰기의 크기는 4칸으로 맞춰주는 것이 좋습니다.

| elif(else if), else |

하지만 모든 상황이 단순히 '참' 또는 '거짓'으로 나뉘는 것은 아닙니다. 때로는 여러 조건을 체크해야 할 필요가 있고, 이때는 **'elif'**와 **'else'**를 사용합니다. elif는 '그렇지 않고 만약 ~하다면'을 뜻하며, 첫 번째 if 조건이 거짓일 경우 다른 조건을 검사합니다. else는 '그 외의 모든 경우'에 해당하며, 어떤 조건에도 해당하지 않을 때 실행될 코드를 정의합니다. if문 외의 조건 흐름을 완성시키는 elif와 else에 대해 각각 알아보겠습니다.

elif (else if)

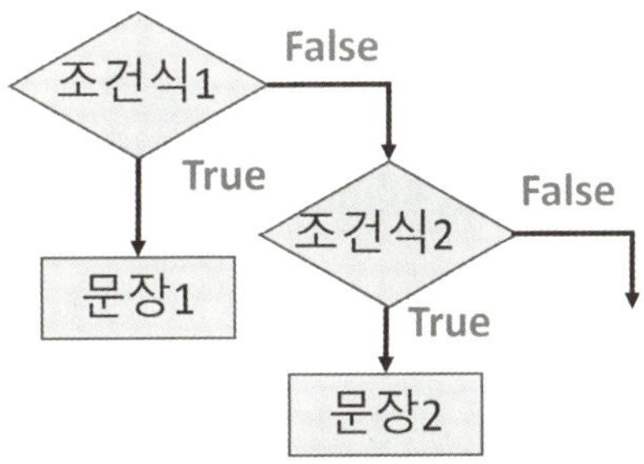

elif는 if문의 조건식이 거짓일 때, 다음 조건을 확인해 실행할 코드 블록을 정의합니다. elif는 'else if'의 줄임말로써, '그렇지 않고 만약 ~ 하다면'이라는 의미를 담고 있습니다.

if-elif.py

```
if 조건 1:
    실행코드 1
elif 조건 2:
    실행코드 2
```

예를 들어 '조건 1'이 False(거짓)면, elif문으로 넘어가 '조건 2'가 True(참)인지 False인지 검사합니다. 위와 같이 elif는 if문이 먼저 나와야지만 쓸 수 있고, 단독으로는 사용할 수 없습니다.

if-elif-예제.py

```
if score > 95:
    print('A+')
elif score > 90:
    print('A0')
```

우리의 학점을 조건문으로 만들어봅시다. score(점수)가 95점 이상이면 A+ 학점을 받습니다. 만약 93점인 경우는 어떻게 될까요? 95점은 넘지 못해 처음 if문의 조건식에서는 False가 됩니다. 결국 if문의 블록은 실행하지 못하고 다음 elif문의 조건식으로 넘어갑니다. 93점은 90점 이상이기 때문에, 조건식이 True가 되어 'A0'를 출력하게 됩니다.

if-elif-multi.py

```
if 조건 1:
    실행코드 1
elif 조건 2:
    실행코드 2
elif 조건 3:
    실행코드 3
elif 조건 4:
    실행코드 4
```

elif는 계속해서 사용할 수 있습니다. 위 예시의 경우 if문의 '조건 1'부터 차례대로 '조건 4'까지 검사하는데, 만약 '조건 2'가 True인 경우, '실행코드 2'만 실행하고 나머지 실행코드 1, 3, 4는 실행하지 않습니다. 즉 if와 elif, 그리고 뒤이어 나올 else까지를 합쳐 하나의 조건 흐름을 만들 수 있습니다.

else

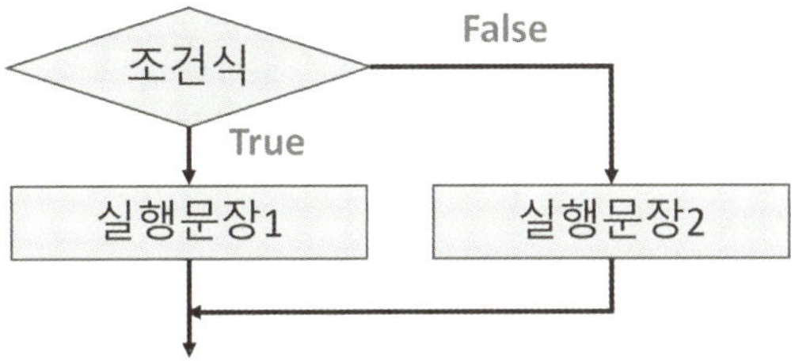

else는 if문과 모든 elif의 조건을 제외한 나머지 경우에 실행할 코드 블록을 정의합니다. if와 모든 elif의 조건을 제외했으므로 따로 조건식이 필요하지 않으며, else 키워드에 바로 콜론(:)을 붙여 사용합니다.

if-else.py

```
if 조건 1:
    실행코드 1
else:
    실행코드 2
```

위의 예시는 if-else로 if문과 바로 else를 사용해 조건 흐름을 완성했습니다. '조건 1'이 True인 경우 실행코드 1을, False인 경우 else문으로 넘어가 실행코드 2를 실행합니다.

if-else-예제.py

```
if score >= 60:
    print('Pass')
else:
    print('Fail')
```

이전 if-elif와 똑같이 학점을 예시로 조건문을 작성해봅시다. P/F 과목에서 Pass를 받으려면 60점을 넘어야합니다. 즉 if문으로 score(점수)가 60점 이상인지를 조건식으로 판단하고, True면 Pass를 출력합니다. 하지만 60점을 넘지 못하면 어떻게 되나요? 바로 F를 받습니다. else문으로 if문의 조건식을 제외한 경우, 즉 60점을 넘지 못한 경우가 되어 Fail을 출력할 수 있게 되는 것입니다.

if-elif-else 구문

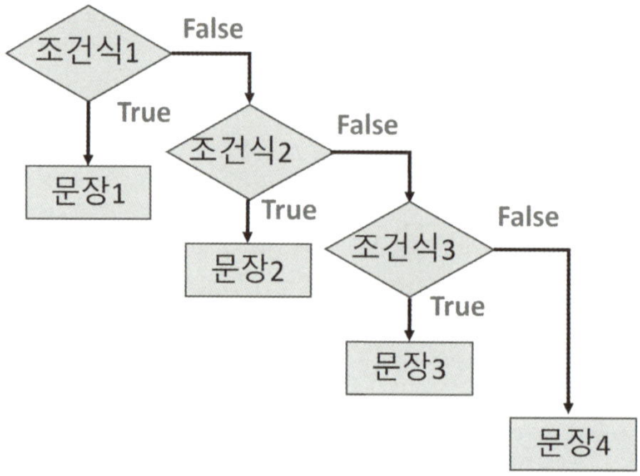

처음 if문, 그리고 중간에 여러 번 elif를 넣어 필요한 조건식들을 작성하고, 마지막에 else를 넣어 모든 조건식을 제외한 경우에도 실행할 코드를 작성해 하나의 조건 흐름을 완성할 수 있습니다. 위의 그림을 파이썬 조건문으로 바꾸면 아래와 같습니다.

if-elif-else.py

```
if 조건 1:
    실행코드 1
elif 조건 2:
    실행코드 2
elif 조건 3:
    실행코드 3
else:
    실행코드 4
```

각 조건 별로 True인 경우 해당되는 블록을 실행합니다. 그리고 나머지 코드는 실행하지 않습니다. 조건1, 조건2, 조건 3이 모두 False인 경우, else문의 실행코드 4가 실행됩니다. 이처럼 if, elif, else 키워드를 이용해 하나의 조건 흐름에서 각 조건식을 통해 원하는 흐름으로 조작할 수 있습니다.

| 중첩 if |

if문 안에는 코드 블록이 들어갑니다. 그리고 그 코드 블록 안에는 또 if문으로 조건 흐름을 추가할 수 있습니다. 한 번 카페를 갔다고 생각해봅시다. 카페에서 아메리카노, 프라푸치노, 밀크티 등 메뉴를 고르는 조건 흐름이 있습니다. 여기서 아메리카노를 골랐습니다. 그런데, 여기서 또 아이스(Iced)와 핫(Hot)을 골라야 하는 상황이 생기고, 샷을 추가할지 말지도 골라야 합니다. 즉, 조건문 안에 조건문이 있는 형태입니다.

if 중첩.py

```
if 조건 1:
    if 조건 2:
        실행코드
```

위 예시와 같이, 조건 1이 True라면, 아래의 블록을 실행합니다. 그런데 아래의 블록 바로 밑에 또 if문이 있습니다. 조건 2가 True라면, 중첩 if문의 블록인 실행코드를 실행하게 됩니다. 한 번 이를 카페 예시로 바꿔보겠습니다.

Line | if 중첩 예제.py

```
1   if menu = '아메리카노':
2       if isHot:                 #isHot은 True/False 중 하나
3           print('따뜻한 아메리카노')
4       else:
5           print('아이스 아메리카노')
6   elif menu = '프라푸치노':
...     ...
```

먼저 menu가 만약 아메리카노라면, 아래 Line 2~5까지의 코드 블록으로 들어갑니다. 그 다음으로 다시 if-else문이 있습니다. Line 2의 조건식인 isHot은 그 값 자체로 True인지 False인지 나타내는 Boolean 자료형의 변수입니다. 만약 'isHot'이 True면 '따뜻한 아메리카노'를 출력하게 되고, 그렇지 않으면 '아이스 아메리카노'를 출력하게 됩니다.

실습 1 두 파이썬 파일의 코드를 서로 비교해보고, 만약 score가 80점인 경우 서로의 코드 실행에 무슨 차이점이 있는지 설명하시오.

if-only.py

```
if score >= 70:
    print('합격입니다.')
if score < 70:
    print('불합격입니다.')
```

if-else.py

```
if score >= 70:
    print('합격입니다.')
else:
    print('불합격입니다.')
```

실습 2 if-else문을 사용하여 다음의 실행결과와 같이 정수를 입력받아 짝수와 홀수로 구분하는 프로그램을 작성하시오. (힌트: 나머지 연산에 쓰이는 '%'를 이용할 것)

실행 결과 1

```
정수를 입력하세요.
4          (입력)
짝수!
```

실행 결과 2

```
정수를 입력하세요.
7          (입력)
홀수!
```

실습 3 다음 소스 코드의 실행 결과를 작성하시오.

score-grade.py

```
score = 73
if score >= 80:
    if score >= 90:
        print('A')
    else:
        print('B')
else:
    if score >= 70:
        print('C')
    else:
        print('D')
```

실행 결과

____

실습 4 실습 3의 소스 코드를 if-elif-else 구문으로 바꾸어 작성한 소스 코드의 일부분이다. 빈칸을 채워 소스 코드를 완성하시오.

score-grade.py

```
score = 73
if score >= 90:
    print('A')
______________:
    print('B')
______________:
    print('C')
else:
    print('D')
```

실습 5 Guess the Number 1

다음의 코드를 작성해 실행해보고, 색칠된 블록의 코드를 if-else 문으로 바꿔서 작성해보시오.

guessTheNumber1.py

```
#This is a guess the number game.
number=5
print('I am thinking of a number between 1 and 20.')
print('Take a guess.')

guess = int(input())
if guess != number:
    print('Your guess is wrong')
if guess == number:
    print('Good job! You guessed my number!')
```

실습 6 Guess the Number 2

다음의 코드를 작성해 실행해보고, 색칠된 블록의 코드를 if-elif-else 문으로 바꿔서 작성해보시오.

guessTheNumber2.py

```
#This is a guess the number game.
number=5
print('I am thinking of a number between 1 and 20.')
print('Take a guess.')

guess = int(input())
if guess < number:
    print('Your guess is too low.')
if guess > number:
    print('Your guess is too high.')
if guess == number:
    print('Good job! You guessed my number!')
```

실습 7 두 수를 입력받아 큰 수, 작은 수, 같은 수를 아래와 같이 출력하는 프로그램을 작성하시오. (단, if ~ elif ~ else문으로 작성할 것)

실행 결과 1

```
(입력)  첫 번째 정수를 입력하세요: 1
(입력)  두 번째 정수를 입력하세요: 2
        큰 수: 2
        작은 수: 1
```

실행 결과 2

```
(입력)  첫 번째 정수를 입력하세요: 10
(입력)  두 번째 정수를 입력하세요: 5
        큰 수: 10
        작은 수: 5
```

실행 결과 3

```
(입력)  첫 번째 정수를 입력하세요: 5
(입력)  두 번째 정수를 입력하세요: 5
        두 수는 같습니다.
```

실습 8 다음과 같이 0 이외의 정수 한 개를 입력받아, 음수 또는 양수, 짝수 또는 홀수로 구분해 출력하는 코드를 작성하세요. (단, 중첩 if문으로 사용해서 작성하시오.)

실행 결과 1

(입력)
```
1
양수이고 홀수
```

실행 결과 2

(입력)
```
-14
음수이고 짝수
```

실행 결과 3

(입력)
```
-7
음수이고 홀수
```

실행 결과 4

(입력)
```
100
양수이고 짝수
```

07

모듈과 라이브러리

모듈(Module)

모듈은 하나 이상의 함수, 클래스, 변수 등의 정의들을 담고 있는, 즉 파이썬 코드를 담고 있는 파일입니다. 따라서 확장자가 "*.py"인 파이썬 스크립트 파일을 의미하며, 모듈은 다른 파이썬 스크립트에서 "import"문을 사용해 모듈의 내용을 불러와 사용할 수 있습니다.

모듈은 프로그램의 코드를 조직화하여 관리하기 위해 사용됩니다. 한 파이썬 파일에 모든 기능을 넣으려 수천수만 줄의 코드를 작성하게 되면, 나중에 다시 그 기능을 고치거나 확인하는 작업에서 보기가 매우 까다롭기 때문입니다. 따라서 기능별, 목적별로 코드들을 나누어 모듈로써 작동케 하는 것이 컴퓨팅적 사고라고 할 수 있습니다.

예로, mymodule.py라는 파일을 만들어 직접 모듈을 작성하고 호출해보도록 하겠습니다.

Line	mymodule.py

```
def my_function():
    print("Hello from my_function in mymodule")

my_variable = 42
```

이제 이 모듈을 이용해봅시다. **이 모듈을 호출하려는 파이썬 스크립트는 이 모듈 파일이 있는 폴더 내에 같이 있어야 합니다.**

Line	spam.py

```
1  import mymodule
2
3  mymodule.my_function()
4  print(mymodule.my_variable)
```

모듈을 호출할 때는 파일 확장자가 ".py"인 파일이어야 하며, import에서는 확장자를 뺀 파일 이름만을 호출합니다. 따라서 Line 1에서 import 구문에서는 "mymodule"만으로 호출한 것을 볼 수 있습니다.

이제 Line 3-4에서 "mymodule."을 하고서 mymodule.py 파일에서 작성했던 함수와 변수를 호출하는 모습을 볼 수 있습니다. 파이썬에서 import를 한 후에는 해당 모듈을 사용할 수 있게 되는데, 해당 모듈의 함수를 사용하기 위해서는 방금과 같이 모듈명 뒤에 점(.)을 붙이고 모듈의 함수와 변수를 작성해야 합니다. 점(.)은 앞에 있는 모듈 안에서 어떤 것을 호출할 것이라는 의미로 생각하면 좋습니다. 이렇게 Line 3-4를 작성하고, 실행결과를 보겠습니다.

실행 결과

```
Hello from my_function in mymodule
42
```

실행 결과를 보니 mymodule에서 함수와 변수를 잘 가져와 실행한 모습을 볼 수 있습니다. 이처럼 모듈은 다른 파이썬 코드 파일이라고 보면 되고, 이를 호출해 다른 파이썬 파일에서 사용할 수 있습니다.

라이브러리(Library)

라이브러리의 사전적 뜻이 뭔가요? 도서관입니다. 수많은 책이 한 장소에 모여 지식의 장(場)을 이루는 것처럼, 파이썬에서는 일반적으로 비슷한 목적이나 주제를 가진 함수, 클래스, 모듈의 모음을 라이브러리라고 합니다. 모듈들의 조합이므로, 보통은 큰 규모의 프로젝트를 구축할 때 사용하게 됩니다.

파이썬 표준 라이브러리는 파이썬을 설치할 때 기본적으로 포함되어 있어, 많은 내장 모듈과 함수를 제공합니다. 그 예로, 파이썬의 "math" 모듈에는 수학 관련 함수들이 포함되어 있습니다. 다음은 math 모듈을 사용하는 간단한 예제입니다.

mymath.py

```python
import math

result = math.sqrt(25)  # 제곱근 계산
print(result)           # 5.0 출력
```

위 예시와 같이, 따로 "math.py"를 만들지 않아도 파이썬에는 기본적으로 내장되어 있기에 바로 import해서 사용하면 됩니다. math 모듈과 같이 파이썬에 내장되어 있는 대표적인 모듈들은 다음과 같습니다.

모듈명	역할
math	수학 함수와 상수 제공
random	난수 생성 및 관련 함수 제공
datetime	날짜와 시간 다루기 위한 클래스와 함수 제공
os	운영체제와 상호 작용하기 위한 함수 제공

이외에도 많은 내장 함수와 모듈들이 있으므로, 더 알고 싶다면 다음의 페이지를 방문하여 더 많은 정보를 확인할 수 있습니다.

- 파이썬 표준 라이브러리 문서: https://docs.python.org/ko/3/library/index.html

외부 라이브러리는 방금 우리가 구현했던 "mymodule"과 같은 모듈들을 말합니다. 파이썬 표준 라이브러리가 아닌, 파이썬 개발자들이 특정한 목적을 가지고 개발한 라이브러리를 말합니다. 대표적으로는 행렬이나 일반적으로 대규모 다차원 배열을 쉽게 처리할 수 있도록 지원하는 **"NumPy"**, 그리고 우리가 곧 인스타그램 순위 검색을 위해 csv 파일 데이터를 처리할 **"Pandas"** 라이브러리 등이 있습니다.

| Pandas 라이브러리 |

pandas(판다스) 라이브러리는 데이터 조작 및 분석을 위해 파이썬 프로그래밍용으로 작성된 소프트웨어 라이브러리입니다. 효과적인 데이터분석을 위해 높은 수준의 자료구조와 데이터 분석 기능을 제공합니다. 이제 우리는 인스타그램 순위를 담고있던 csv 파일을 이 pandas를 이용해 가져오려고 합니다.

pandas 설치

pandas는 외부 라이브러리이므로 파이썬에 내장되어 있지 않아 따로 설치해야 합니다. 다음과 같이 따라하면서 pandas를 설치해봅시다. (윈도우즈 운영체제 기준)

1. 먼저 cmd(명령 프롬프트 창)을 엽니다. (윈도우키 – cmd 입력)

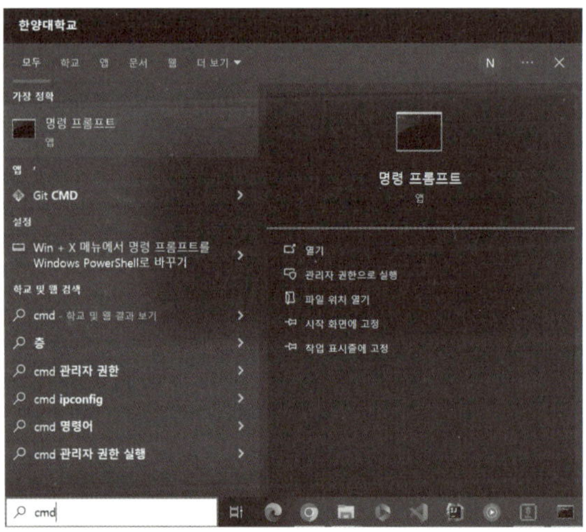

2. 명령 프롬프트 창에서 "pip install pandas"를 입력하고 엔터 키를 누릅니다.

3. 설치가 완료되면, 다음 사진과 같이 설치가 완료되었다는 문구가 뜹니다.
"Successfully installed pandas-(버전)"

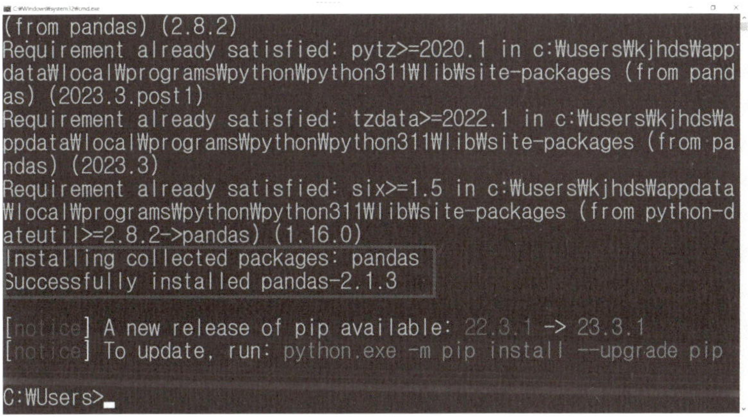

4. 설치가 완료되었으면, 이제 파이썬 스크립트에서 import로 pandas 라이브러리를 가져올 수 있습니다.

pandas로 csv파일 읽어오기

실습 파일로 인스타그램 팔로우 수 순위를 담고 있는 "instagram-rank.csv" 파일을 받습니다.
(QR코드 삽입)
이 파일을 pandas의 구조로 읽어오도록 하겠습니다. **단, csv파일과 파이썬 스크립트는 같은 폴더 내에 존재해야 합니다.**

```
Line  readCSV.py
1  import pandas as pd
2  # CSV 파일 읽어오기
3  file_path = 'instagram-rank.csv' # 파일 경로 설정
4  df = pd.read_csv(file_path)
5  print(df)
```

먼저 Line 1을 볼까요? import pandas까지는 이전의 math나 mymodule을 불러오는 것으로 알 수 있을 것입니다. 여기서 "as"는 앞으로 pandas를 as 뒤에 나오는 단어로 부르겠다는 것입니다. 즉, pandas를 불러오는 것과 동시에 "pd"라고 부르겠다고 선언하는 것입니다. pandas 라이브러리를 사용하는 대부분의 프로그래머들이 관습적으로 이렇게 "pd"라고 고쳐서 쓰고 있습니다.

이제 Line 3에서는 file_path 변수에 파일명을 넣었습니다. 정확히는 파일 경로여야 하지만, 현재 이 파이썬 스크립트가 저장된 폴더 내에 csv 파일도 같이 있으므로, 파일명만으로도 충분합니다.

Line 4에서 df라는 변수에 이제 pandas의 "read_csv"라는 함수를 호출하여 데이터를 가져옵니다. 여기서 df는 pandas의 자료구조 형태인 Data Frame의 약자로 많이 쓰이고, 이 데이터 프레임의 구조는 기본적으로 행렬입니다. 또 다른 자료구조로 열(Column)로 존재하는 Series가 있습니다. 하지만 read_csv 함수는 기본적으로 csv 파일을 불러올 때 데이터 프레임 구조로 csv 파일 내의 데이터를 가져옵니다.

이제 이 데이터 프레임을 Line 5와 같이 print 함수로 출력해봅시다.

실행 결과

	index	Rank	Username	Owner	Followers (millions)	...
0	0	1	@instagram	Instagram	651	...
1	1	2	@cristiano	Cristiano Ronaldo	600	...
2	2	3	@leomessi	Lionel Messi	483	...
3	3	4	@selenagomez	Selena Gomez	427	...
4	4	5	@kyliejenner	Kylie Jenner	398	...

...

출력하니 어떤가요? 일정한 표(table)처럼 출력이 되죠? 여기서 index 열의 왼쪽, 하늘색으로 색칠한 칸을 주의 깊게 봐봅시다. index 바로 옆에는 번호가 없고, 그 아래부터는 index 열의 값과 똑같이 색칠한 칸에서도 같은 값으로 0부터 시작하여 아래로 쭉 50번까지 있습니다. 위 실행 결과를 엑셀로 csv 파일을 열었을 때와 비교해 봅시다.

	A	B	C	D	E
1	index	Rank	Username	Owner	Followers(n
2	0	1	@instagram	Instagram	651
3	1	2	@cristiano	Cristiano R	600
4	2	3	@leomessi	Lionel Mes:	483
5	3	4	@selenagomez	Selena Gon	427
6	4	5	@kyliejenner	Kylie Jenne	398

엑셀에서 index 바로 왼쪽에 보면, 1이라고 되어 있습니다. 행 번호가 index부터 1번으로 되어 있는 것입니다. 우리가 엔트리 블록코딩에서 시작행 번호를 2부터 시작한 이유도, 엑셀에서처럼 1위가 2번째 행부터 시작되기 때문이었죠. 하지만 파이썬에서는 다릅니다. index 번호와 같이 0번부터 시작하고, index, rank 등을 나타내는 이름은 행에 포함되지 않습니다. 따라서 파이썬에서 순위 검색을 할 때는 엔트리와 달리 0번부터 시작하면 됩니다.

데이터 프레임에서 인덱스로 값 읽기 (iat 함수)

이전의 실행 결과를 보았을 때, 해당 열이 몇 번째 열인지는 출력하지 않았습니다. 하지만 데이터 프레임은 여전히 해당 열이 몇 번째 열인지 정보를 가지고 있습니다. 다음은 print(df)를 통해 데이터 프레임을 출력했던 실행 결과에서 보이지 않는 열 번호를 추가한 실행 결과입니다.

실행 결과

	0	1	2	3	4	...
	index	Rank	Username	Owner	Followers (millions)	...
0	0	1	@instagram	Instagram	651	...
1	1	2	@cristiano	Cristiano Ronaldo	600	...

...

회색으로 칠한 줄은 행에서의 요소, 즉 몇 번째 열인지 나타냅니다. 엑셀에서는 A, B, C처럼 알파벳 순서로 진행하지만, 파이썬에서는 행 번호와 똑같이 숫자를 이용합니다. 위에서 보이는 것과 같이 열 번호는 첫 번째(index) 열을 기준으로 0부터 시작합니다. rank는 1, Followers(millions) 열 번호는 4가 됩니다. 그리고 행 번호와 열 번호를 이용해 (행 번호, 열 번호)로 마치 좌표처럼 데이터를 읽는 것이 가능합니다. 이때 사용하는 함수가 바로 데이터 프레임의 함수(method: 메서드)인 "iat"입니다. 다음은 iat 함수의 사용법입니다.

Line iat 메서드(함수) 사용법

```
data_frame.iat[index_int(행번호), column_int(열번호)]
```

위의 코드를 자세히 분석해봅시다. data_frame.iat으로 사용하는데, 이는 (데이터프레임).(함수) 구조로 이뤄져 있습니다. 이렇게 데이터 프레임과 같은 객체(또는 클래스)에 속한 함수, 또는 호출할 수 있는 함수를 메서드(method)라고 부릅니다. 그리고 이 메서드를 이용해 인스타그램 공식계정의 팔로워 수 위치였던 0번째 행의 4번째 열, 즉 (0, 4) 위치에 해당하는 값을 가져올 수 있습니다. 단, iat 메서드에서 함수의 인자를 전달할 때의 소괄호()가 아닌, 대괄호[]에 행과 열 번호를 입력합니다. 다음은 그 예시와 실행 결과입니다.

Line readData.py

```
1 import pandas as pd
2 # CSV 파일 읽어오기
3 file_path = 'instagram-rank.csv' # 파일 경로 설정
4 df = pd.read_csv(file_path)
5 print(df.iat[0,4])
```

실행 결과

```
651.0
```

Line 5를 볼까요? df.iat[0,4]로 인스타그램 공식 계정의 팔로워 수를 가지고 와 print로 출력합니다. 실행 결과에서 651.0으로 소수점까지 나온 것으로 보아 float 자료형임을 짐작할 수 있고, 위 데이터 프레임에서 (0, 4) 위치가 인스타그램 공식 계정의 팔로워 수라는 사실을 확인할 수 있습니다.

| 인스타그램 예제 조건 흐름 완성하기 |

이제 조건문과 pandas 라이브러리의 사용법을 익혔으므로, 인스타그램의 조건 흐름을 파이썬 코드로 작성할 수 있게 되었습니다. 하지만 바로 파이썬 코드로 바꿔서 작성하기 전에 엔트리에서의 조건 흐름 기억하시나요? 복습 차원에서 다시 한번 플로우 차트로 조건 흐름을 파악해 봅시다.

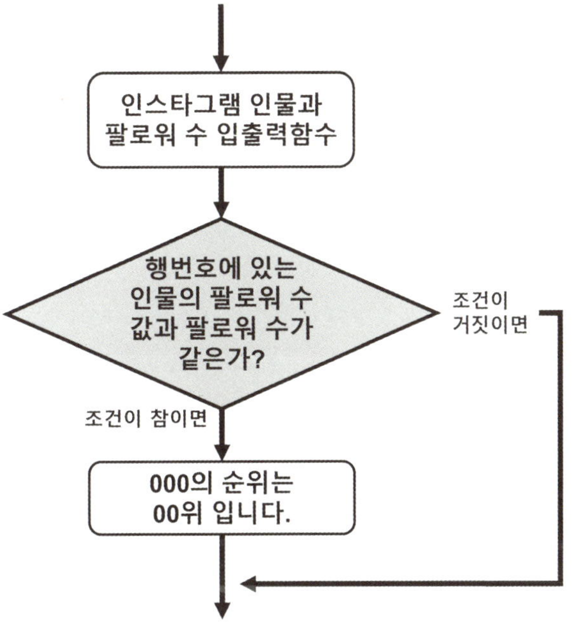

그림 200 인스타그램 순위 검색 조건 흐름

- **기능**

  인스타그램 순위표에서 검색하고자 하는 인물의 이름과 팔로워 수의 순위 검색

- **조건**

  순위의 제일 위부터 검색해서 팔로워 수가 같으면 랭킹을 출력하도록 함

복습을 완료했다면, 위 플로우 차트, 그리고 기능과 조건을 머릿속에 잘 넣어놓고 천천히 조건 흐름을 완성해 봅시다.

한 번의 조건 흐름으로 인스타그램 공식계정의 순위 검색

다음의 코드를 모두 작성하고, 실행해 봅시다.

Line	conditional-flow1.py

```
1  import pandas as pd
2  # 인스타그램 순위 검색 인물 및 팔로워수 입력 함수 선언
3  def instaSearchInput():
4      global name, follower_num
5      name = input('누구의 인스타그램 순위를 알고 싶니? ')
6      follower_num = float(input('팔로워 수는 몇이니? '))
7  # 인스타그램 순위 순차 검색 함수 선언
8  def instaSeqSearch():
9      global search_attempt_num, name, follower_num, df, row_index, rank_col_index, followernum_col_index
10     search_attempt_num += 1  # 검색 시도 횟수 1증가
11     # iat메서드(함수)로 [행, 열]의 값을 읽어와서 value에 저장하기
12     value = float(df.iat[row_index, followernum_col_index])
13     if follower_num == value:
14         print(name + '의 순위는 ' + str(df.iat[row_index, rank_col_index]) + '위입니다.')
15     row_index += 1   # 행 번호 1 증가 (다음 행)
16
17 df = pd.read_csv('instagram-rank.csv')  # csv 파일 읽기
18 # 행과 열의 인덱스를 지정
19 row_index=0        # 첫 번째 행 번호
20 followernum_col_index=4  # 팔로워 수 열 번호
21 # 인스타그램 순위 검색 인물과 팔로워수 입력 함수 호출
22 instaSearchInput()
23 # 인스타그램 순위 컬럼 인덱스 변수 선언
24 rank_col_index = 1
25 # 검색 시도 횟수 변수 선언
26 search_attempt_num = 0
27 # 함수 호출을 통해서 위에서부터 한 줄 검사하기
28 instaSeqSearch()
```

*Line 9, 14는 1줄로 입력할 것.

*Line 12: follower_num과 자료형을 맞춰주기 위해 float() 추가

실행 결과1 – 팔로워 수를 알맞게 입력한 경우

```
(입력)  누구의 인스타그램 순위를 알고 싶니? 인스타그램
(입력)  팔로워 수는 몇이니? 651
        인스타그램의 순위는 1위입니다.
```

실행 결과2 – 팔로워 수를 잘못 입력한 경우

```
(입력)  누구의 인스타그램 순위를 알고 싶니? 인스타그램
(입력)  팔로워 수는 몇이니? 600
(출력 X)
```

먼저 각 변수명과 그 역할에 대해 알아보겠습니다.

- name: 입력받는 이름
- follower_num: 입력받는 팔로워 수
- df: 데이터 프레임
- search_attemp_num: 검색 시도 횟수
- row_index: 행 번호
- followernum_col_index: 팔로워 수 열 번호 (4로 고정)
- rank_col_index: 랭킹 열 번호 (1로 고정)
- (함수 안) value: 검색할 행의 팔로워 수 값

이제 Line 8-15 부분, 순차 검색 함수 정의 부분을 봅시다.

1. global로 필요한 변수들을 모두 가지고 오고, 검색 시도 횟수에 1을 더합니다.
2. row_index를 행 번호로, followernm_col_index를 열 번호로 value에 검색한 행의 팔로워 수 값을 저장합니다.
3. value 값과 입력받았던 follower_num 값이 같으면, 순위를 출력합니다.
4. 행 번호에 1을 더합니다.

이로써 엔트리 블록 코딩에서 했던 것과 똑같이 순차 검색 조건 흐름을 완성했습니다. 갑작스레 코드 줄이 많아졌다고 생각할 수 있지만, 위에서부터 천천히 코드를 이해하는 것이 코드를

이해하는 데 좋습니다. 빠르게 이해하려고 중간부터 코드를 읽게 되면, 오히려 이해하는 데 복잡해지고 처음부터 다시 읽게 되는 경우가 대다수입니다. 따라서 급하게 하지 말고, 천천히 숙독한다는 개념으로 위에서부터 한 줄씩 읽는 것이 좋습니다.

실습 예제

실습 1 다음 소스 코드의 실행 결과를 작성하시오. (csv파일은 주어진 파일을 이용할 것)

readData-ex.py

```
import pandas as pd

df = pd.read_csv('instagram-rank.csv')
print(df.iat[0,2])
print(df.iat[2,3])
```

실행 결과

____

____

실습 2 3.7.2 절에서 작성한 conditional-flow1.py 코드를 바탕으로 마지막 부분에 순차 검색 함수를 3번 실행하도록 다음의 소스 코드로 수정한 후, 이름은 '메시', 팔로워 수는 '483'을 입력 후 실행 결과를 확인하시오.

conditional-flow2.py

```
(이전 코드와 동일)
# 검색 시도 횟수 변수 선언
scarch_attempt_num = 0
# 함수 호출을 통해서 위에서부터 한 줄 검사하기
instaSeqSearch()
instaSeqSearch()
instaSeqSearch()
```

실행 결과1 – 팔로워 수를 알맞게 입력한 경우

```
(입력) 누구의 인스타그램 순위를 알고 싶니? 메시
(입력) 팔로워 수는 몇이니? 483
```

____

실습 3 Random 모듈

다음은 두 정수를 인자로 받아, 두 수 사이의 랜덤한 정수를 반환하는 random 모듈의 randint() 함수 사용법과, 이를 사용한 코드이다. 아래의 코드를 작성하고 실제로 값이 랜덤하게 나오는지 여러 번 실행해 보시오.

Line	randint-usage.py

```
import random
number = random.randint(시작값, 끝값)
```

*생성된 난수(Random number)의 범위는 '시작값 ≤ 난수 ≤ 끝값'이다.

Line	random-practice.py

```
import random

number1 = random.randint(1, 100)
number2 = random.randint(1000, 2000)
print(number1, number2)
```

실행 결과

____

실습 4 Random 모듈

다음은 random 모듈의 randint() 함수에 잘못된 사용 예시들이다. 잘못된 사용을 했을 때, 어떤 결과가 나오는지 직접 작성해보고 실행해 보시오.

Line	random-error1.py

```
import random

number = random.randint(100)
```

실행 결과

____

Line | **random-error2.py**

```python
import random

number = random.randint(1, 100, 300)
```

실행 결과

____

실습 5 Guess the Number 3

다음은 random 모듈을 적용해 매 게임마다 랜덤한 정수를 맞추는 게임으로 바꾼 것이다. 1부터 20까지의 숫자 중 랜덤한 정수를 number로 받기 위해서는 어떻게 해야 하는지, Line 3의 빈칸을 작성하시오.

Line | **guessTheNumber3.py**

```python
1  import random
2  #This is a guess the number game.
3  number = ______________________________
4  print('I am thinking of a number between 1 and 20.')
5  print('Take a gucss.')
6  
7  guess = int(input())
8  if guess < number:
9      print('Your guess is too low.')
10 elif guess > number:
11     print('Your guess is too high.')
12 elif guess == number:
13     print('Good job! You guessed my number!')
```

08 반복문 1 (Loop Statement 1)

이전 장까지 우리는 파이썬으로 인스타그램 순위 검색의 조건 흐름까지 완성했습니다. 이제 무엇이 남았나요? 바로 반복 흐름입니다. 이전 인스타그램 순차 검색에서 3위까지 검색하기 위해서는 instaSeqSearch() 함수를 3번 반복해서 코드를 작성해야 했습니다. 그러면 50위까지 검색하기 위해서는 함수를 50번 반복해서 적어야 할까요? 코드 줄도 50줄이나 늘어나고, 반복해서 적는 행위는 몹시 귀찮습니다. 따라서 엔트리 블록 코딩에서와 같이, 50번 반복해서 적는 것이 아니라 **반복문**을 이용하는 방법이 있습니다. 프로그래밍에서 반복문은 특정 작업을 반복적으로 수행할 수 있게 해주는 구조인데, 이는 코드의 재사용성을 높여 효율적인 프로그래밍을 가능케 합니다.

이제 우리는 파이썬에서의 반복문에 대해 알아보겠습니다. 주로 사용되는 반복문에는 주로 **for 루프**, **while 루프**가 있습니다. 보통 for문, while문이라고도 부릅니다. 그러면 먼저 while문부터 알아보도록 하겠습니다.

| while문 |

while 조건식

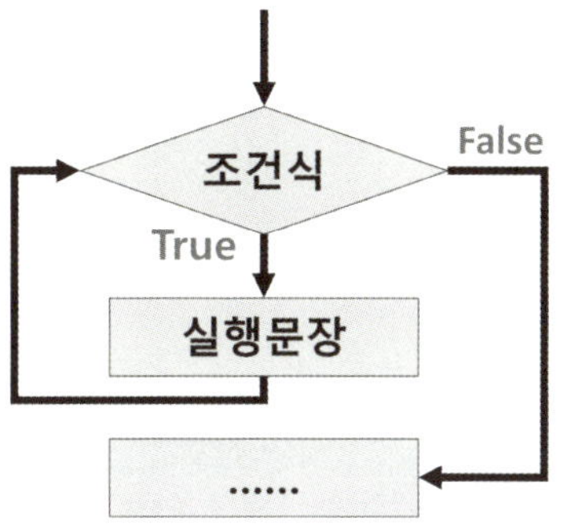

Line while-usage.py

```
while 조건식:
    실행문장
```

while문은 위와 같이 사용합니다.

1. 조건식이 참이면, 아래의 들여쓰기 된 블록을 수행합니다.
2. 만약 실행 문장의 끝까지 수행했으면, while문으로 돌아가 조건식을 검사합니다.
3. 조건식이 거짓이면, 아래의 블록을 수행하지 않고 넘어갑니다.

바로 예시를 통해 알아보겠습니다. 아래는 조건식에 이용하는 변수의 값과 'Hello'를 반복해서 출력하는 예제입니다.

Line **while-example1.py**

```
1  i = 0
2  while i < 5:
3      print('Hello')
4      print(i)
5      i = i + 1
6
7  print('반복문이 끝난 뒤 i의 값은 ', i)
```

실행 결과

```
Hello
0
Hello
1
Hello
2
Hello
3
Hello
4
반복문이 끝난 뒤 i의 값은 5
```

맨 처음 변수 i를 0으로 설정합니다. 그리고 while문을 통한 반복 흐름으로 넘어가게 되는데, 조건식인 i<5를 만족시켜 아래의 코드 블록을 수행합니다. 아래의 코드 블록에서 'Hello'와 i 값을 출력하고, i에 다시 1을 더합니다. Line 5까지 코드를 수행했으면, 다시 Line 2로 돌아가 조건식을 확인합니다. 그렇게 i가 5를 넘지 않을 때까지 아래의 코드 블록은 반복해서 수행하게 됩니다.

Line 7과 실행 결과의 마지막 줄을 볼까요? Line 7은 while문의 반복이 끝나야만 실행됩니다. 그리고 실행 결과에서 이 코드가 실행된 모습을 볼 수 있죠. 즉, i<5 라는 조건식이 False(거짓)가 되어 while문의 반복 흐름에서 빠져나왔다는 것을 알 수 있습니다.

그렇다면 어떻게 반복 흐름을 빠져나왔는지도 한 번 살펴봅시다. 실행결과의 마지막 줄 바로 위의 줄을 보면 '4'를 출력했습니다. Line 4에서 i의 값이 4였음을 알 수 있고, Line 5에서 최종적으로 i의 값은 5가 되었습니다. 그리고 다시 Line 2로 넘어가 조건식을 보니 i<5라는 조건식

을 만족하지 못해 while문이 종료된 것입니다. while이 끝난 후, 아래의 코드 블록을 건너뛰어 그 다음 흐름이었던 Line 7로 건너가게 되었습니다.

파이썬에서는 이런 방식으로 while의 조건식을 이용해 반복 흐름을 결정하고, 조건식 안의 변수를 while문의 실행 문장으로 조절하여 반복 수준을 결정할 수 있습니다. 이번엔 사용자 입력을 토대로 반복문을 작성해보겠습니다.

Line	while-example2.py

```
1   answer = ''
2   while answer != 'Yes':
3       answer = input('Are you ready to go? ')
4
*5  print('Let\'s go!!')
```

*Line 5: 파이썬에서 문자열을 정의할 때 작은따옴표(')를 사용하므로 문자열 안에 같은 문자를 쓰게 되면 문자열의 시작이나 종료를 의미하게 될 수 있다. 따라서 문자열 안의 포함된 일반적인 문자로 해석되도록 백슬래시(\)를 앞에 붙여주는데, 이를 escape 처리라고 한다.

위 코드를 살펴보면, Line 3에서 input을 통해 입력받는데, Line 2의 while 조건식을 보니 **answer가 'Yes'라는 문자열이 아닐 때** 아래의 코드 블록을 수행합니다. 즉 'Yes'라는 문자열을 입력받을 때까지 Line 3를 반복하는 것입니다. 아래의 실행 결과를 통해 정말로 'Yes'가 들어올 때만 while문이 반복되지 않는지 확인해 봅시다.

실행 결과

```
(입력)  Are you ready to go? No
(입력)  Are you ready to go? Nah
(입력)  Are you ready to go? Nope
(입력)  Are you ready to go? Yes
        Let's go!!
```

break

우리가 엔트리 블록 코딩을 할 때, 반복 흐름에서 "반복 중단하기"라는 블록이 있었습니다. while문과 같은 반복 흐름에서 탈출하는 블록이었죠. 파이썬에서도 이와 같은 역할을 하는 키워드가 있습니다. 바로 **'break'**입니다.

break 문을 만나면 반복문의 실행은 즉시 중단되고, 반복문 블록을 벗어납니다. 이는 특정 조건이 충족되었을 때 루프를 종료하고자 할 때 유용합니다. 다음은 이전 예제들을 break문을 이용했을 때의 예제입니다.

Line	while-break-example1.py

```
1  i = 0
*2 while True:
3      print('Hello')
4      print(i)
5      i = i + 1
6      if i == 5:
7          break
8  print('반복문이 끝난 뒤 i의 값은 ', i)
```

*Line 2: while True: 는 조건식이 항상 참이므로, 무한 반복을 의미합니다.

실행 결과

```
Hello
0
Hello
1
Hello
2
Hello
3
Hello
4
반복문이 끝난 뒤 i의 값은 5
```

먼저 첫 번째 예제에 break문을 적용하면, 무한루프(while True)를 이용하여 항상 반복하도록 해주고, 변수 i의 값을 검사하는 if 조건문을 while의 실행 블록 안에 넣습니다. Line 6-7에서 i의 값이 5가 될 때, break문을 통해 반복문에서 탈출해 이전 예제와 같이 똑같은 실행 결과를 출력합니다.

두 번째 예제도 break문을 적용해 볼까요? 다음과 같이 작성해보고 실행해 봅시다.

while-break-example2.py

```
answer = ''
while True:
    answer = input('Are you ready to go? ')
    if answer == 'Yes':
        break
print('Let\'s go!!')
```

실행 결과

```
(입력) Are you ready to go? No
(입력) Are you ready to go? Nah
(입력) Are you ready to go? Nope
(입력) Are you ready to go? Yes
Let's go!!
```

이제 while을 이용한 반복문의 구조와 break까지 배웠으니, 인스타그램 순위 검색에 반복문을 적용하여 순차 검색을 완성해 봅시다.

| 인스타그램 순위 순차 검색 완성하기 |

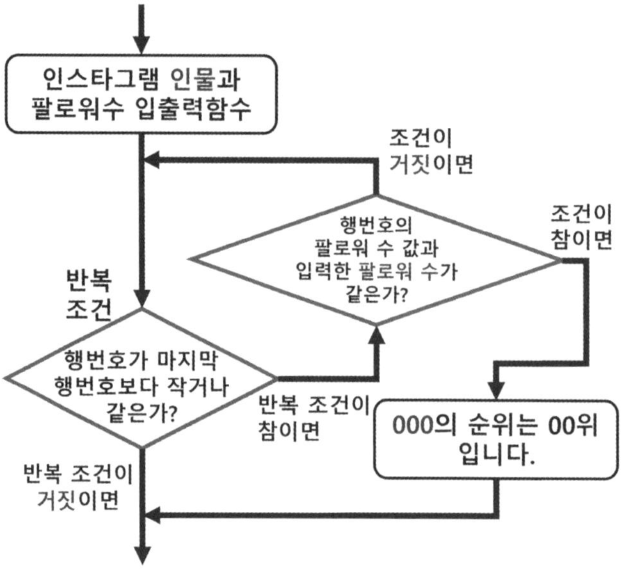

< 반복문 흐름 >

엔트리 블록 코딩에서 구현했던 위 플로우 차트를 기억하시나요? 반복할 내용과 반복 조건 등을 확인하고, 엔트리에서 잘 구현했었습니다. 이제 파이썬으로 해볼 차례입니다. 우리는 이미 인스타그램 순차 검색 함수까지 완성했었고, 이번에는 그 함수만 반복해서 사용하도록 while 문을 작성하면 끝입니다. 부담가지지 말고, 천천히 아래의 코드를 보며 이전 코드를 수정해 반복 흐름으로 바꿔봅시다.

인스타그램 순위 순차 검색 코드

Line	instagram-seq-search.py.py

```
1  import pandas as pd
2  # 인스타그램 순위 검색 인물 및 팔로워수 입력 함수 선언
3  def instaSearchInput():
4      global name, follower_num
5      name = input('누구의 인스타그램 순위를 알고 싶니? ')
6      follower_num = float(input('팔로워 수는 몇이니? '))
7  # 인스타그램 순위 순차 검색 함수 선언
8  def instaSeqSearch():
9      global search_attempt_num, name, follower_num, df, row_index,
   rank_col_index, followernum_col_index
10     search_attempt_num += 1  # 검색 시도 횟수 1증가
11     # iat메서드(함수)로 [행, 열]의 값을 읽어와서 value에 저장하기
12     value = float(df.iat[row_index, followernum_col_index])
13     if follower_num == value:
14         print(name + '의 순위는 ' + str(df.iat[row_index,
   rank_col_index]) + '위입니다.')
15         return True
16     row_index += 1   # 행 번호 1 증가 (다음 행)
17     return False
18 df = pd.read_csv('instagram-rank.csv')   # csv 파일 읽기
19 # 행과 열의 인덱스를 지정
20 row_index=0                    # 첫 번째 헹 번호
21 followernum_col_index=4        # 팔로워 수 열 번호
22 # 인스타그램 순위 검색 인물과 팔로워수 입력 함수 호출
23 instaSearchInput()
24 # 인스타그램 순위 컬럼 인덱스 변수 선언
25 rank_col_index = 1
26 # 검색 시도 횟수 변수 선언
27 search_attempt_num = 0
28 # 1위부터 50위까지 반복해서 검색하기
29 while row_index <= 49:
30     result = instaSeqSearch()
31     if result == True:         # 검색 결과가 참이면,
32         break                  # 순위를 찾았으므로 검색 중단
33 # 검색 시도 횟수 출력
34 print('검색 시도 횟수:', search_attempt_num)
```

*Line 9, 14는 1줄로 입력할 것.

우리가 이전 코드에서 수정한 부분은 다음과 같습니다.

- Line 15, 17: 순차 검색 함수의 결과를 알기 위해 True 또는 False로 값을 반환하도록 설정했습니다. 검색 결과를 찾으면 True, 찾지 못하면 False를 반환합니다.
- Line 29-32: 행 번호가 49 이하일 때까지 순차 검색 함수를 반복합니다. 만약 순차 검색의 결과가 True라면, 순위 검색에 성공했으므로 반복문에서 탈출하도록 break문을 추가했습니다.
- Line 33-34: 최종 검색 시도 횟수를 출력합니다.

갑자기 Line 15와 Line 17에서 return이 나와 당황할 수도 있지만, return은 함수의 결괏값을 반환한다고 했습니다. 우리는 Line 29-32의 반복 흐름에서 순차 검색에 성공하면 그 즉시 반복문에서 탈출할 수 있도록 함수의 결괏값을 이용해야 합니다. 따라서 검색에 성공하면 True, 실패하면 False를 반환하도록 설정했고, 반복문에서 조건문으로 함수의 결과를 검사하도록 했습니다.

그러면 row_index가 49 이하일 때까지 검사하는 조건식은 무엇을 의미할까요? 바로 50위까지 검사한다는 의미입니다. 50위는 49번째 행이므로, 순차 검색에 필요한 row_index 값은 49가 최대입니다. 따라서 while문의 조건식으로 row_index가 49 이하까지만 반복하도록 설정한 것입니다. 만약 순차 검색 함수가 50위까지 검사할 동안 False를 반환한다면, 검색에 실패했음을 의미합니다.

이렇게 수정하고서, 메시의 팔로워 수, 그리고 우리가 목표했던 '김한양'의 팔로워 수 등 여러 가지 경우를 입력해 보고 순위를 알아봅시다. 팔로워 수를 제대로 입력했을 때와 잘못 입력했을 때를 기준으로 각각 알아봅시다.

실행 결과 1 – 팔로워 수를 알맞게 입력한 경우 (메시)

```
(입력)  누구의 인스타그램 순위를 알고 싶니? 메시
(입력)  팔로워 수는 몇이니? 483
        메시의 순위는 3위입니다.
        검색 시도 횟수: 3
```

실행 결과 2 - 팔로워 수를 알맞게 입력한 경우 (김한양)

```
(입력)   누구의 인스타그램 순위를 알고 싶니? 김한양
(입력)   팔로워 수는 몇이니? 80.9
         김한양의 순위는 47위입니다.
         검색 시도 횟수: 47
```

일치하는 팔로워 수가 있는 경우, 일치하는 행 번호까지 순차 검사 함수를 반복하고 종료합니다. 위에서부터 순차적으로 검사하므로 팔로워 수 순위와 검색 시도 횟수가 같은 값임을 볼 수 있습니다.

실행 결과 3 - 팔로워 수를 잘못 입력한 경우 (메시)

```
(입력)   누구의 인스타그램 순위를 알고 싶니? 메시
(입력)   팔로워 수는 몇이니? 480
         검색 시도 횟수: 50
```

실행 결과 4 - 팔로워 수를 잘못 입력한 경우 (김한양)

```
(입력)   누구의 인스타그램 순위를 알고 싶니? 김한양
(입력)   팔로워 수는 몇이니? 81
         검색 시도 횟수: 50
```

반대로 일치하는 팔로워 수가 없는 경우, 50위까지 순차 검사를 모두 진행합니다. 즉, 마지막 행 번호까지 검사를 진행한 후에 반복문에서 탈출하여 프로그램이 종료됐음을 알 수 있습니다.

이제 반복 흐름까지 완성하여, 인스타그램 순위 검사에서 순차 검사까지 완성했습니다. 하지만 우리는 엔트리 블록 코딩에서 했던 것처럼, 알고리즘을 이용하여 파이썬 코드를 최적화해야 합니다. 다음 장부터는 순차 검사가 아닌 이진 검사로 프로그램을 더 빠르게 만들어 보도록 하겠습니다.

실습 1 Guess the Number 4

Guess the Number 게임에서 다음 실행 결과와 같이 추측이 맞을 때까지 입력을 반복하도록 while문을 사용해 다음의 코드에 빈칸을 채워 넣으시오.

실행 결과

```
        I am thinking of a number between 1 and 20.
        Take a guess.
(입력)  10
        Your guess is too high.
        Take a guess.
(입력)  5
        Your guess is too low.
        Take a guess.
(입력)  7
        Good job! You guessed my number!
```

guessTheNumber4.py

```
import random
#This is a guess the number game.
number = random.randint(1, 20)
print('I am thinking of a number between 1 and 20.')

guess = 0
______________________________
    print('Take a guess.')
    guess = int(input())

    if guess < number:
        print('Your guess is too low.')
    elif guess > number:
        print('Your guess is too high.')
    else:
        print('Good job! You guessed my number!')
```

실습 2 정수를 입력받아 아래와 같이 그 수만큼 'Hello Python'을 출력하도록 프로그램을 작성해 보시오. (while문을 사용하되, break는 사용하지 말 것)

실행 결과

```
      정수를 입력하세요.
(입력) 5
      Hello Python
      Hello Python
      Hello Python
      Hello Python
      Hello Python
```

실습 3 아래와 같이 1부터 10까지의 합을 구하는 프로그램을 while문을 이용해서 작성해 보시오. (단, while문으로 변수값을 1부터 10까지 증가시키면서 기존 총합(변수 사용)에 더해주는 반복문을 이용할 것. 예. sum = 0 + 1 + 2 + 3 + … + 10)

실행 결과

```
1부터 10까지의 합은 55입니다.
```

실습 4 정수를 입력받아 아래와 같이 해당하는 단을 출력하는 구구단 프로그램을 완성해 보시오. (단, while문을 사용할 것)

실행 결과

```
      단을 입력하세요.
(입력) 6
      6*1 = 6
      6*2 = 12
      6*3 = 18
      6*4 = 24
      6*5 = 30
      6*6 = 36
      6*7 = 42
      6*8 = 48
      6*9 = 54
```

실습 5 아래와 같이 최소 1번 '준비됐니?'가 출력되고 '응' 혹은 'ㅇㅇ'이 입력되면 '가자~!'를 출력하고 끝나는 프로그램을 작성해 보시오. (단, while True문과 break를 사용할 것)

	실행 결과 1
(입력)	준비됐니? 놉
(입력)	준비됐니? 아니
(입력)	준비됐니? 아니라니까?
(입력)	준비됐니? 응
	가자~!

	실행 결과 1
(입력)	준비됐니? ㄴㄴ
(입력)	준비됐니? 아직
(입력)	준비됐니? 잠깐
(입력)	준비됐니? ㅇㅇ
	가자~!

09

반복문 2 (Loop Statement 2)

3.8장에서 while 루프를 배워 최종적으로 인스타그램 순위 순차 검색까지 마쳤습니다. 이제 알고리즘으로 최적화를 위해 이진 검색을 적용할 차례입니다. 그러나 이진 검색으로 바로 넘어가기 전에, 반복문에서 while문 이외에 또 하나의 반복문이 자주 쓰인다고 했습니다. 바로 **for 루프**입니다. for 루프는 보통 for문이라고 불리며, 데이터의 집합을 이용해 각 항목을 순회하면서 특정 작업을 반복적으로 수행하는데 사용됩니다.

그러면 for문에 사용하는 데이터의 집합이 과연 무엇일까요? 그것은 프로그래밍에서 데이터를 다루는 중요한 개념 중 하나인 **리스트(List)**입니다. 여러 값을 하나의 변수에 저장할 수 있는 자료형으로 데이터의 집합을 표현하는 데 사용됩니다. 이를 통해 여러 정보를 한 번에 다룰 수 있어 프로그램의 유연성을 높일 수 있습니다. 그러면 이제 for문을 배우기 전, 리스트를 먼저 배워보도록 하겠습니다.

| 리스트 (List) |

지금까지 배운 자료형으로는 변수에 1개의 데이터만을 저장할 수 있었습니다. 그러면 1부터 30까지 각 숫자를 저장하고 있으려면 어떻게 할까요?

Line **repeat-variable.py**

```
a1 = 1
a2 = 2
a3 = 3
(... 생략 ...)
a29 = 29
a30 = 30
```

위와 같이 각 a1부터 a30까지 30개의 변수에 각 숫자를 저장해야 할 것입니다. 30개까지는 작성할 수 있으나, 이것이 천, 만 단위로 넘어가게 되면 일일이 타이핑하는 것은 쉽지 않습니다. 또한 코드도 매우 길어지겠죠. 이는 컴퓨팅적 사고에 맞지 않습니다. 따라서 대부분의 프로그래밍 언어에서는 하나의 변수에 여러 개의 데이터를 저장할 수 있는 "리스트"라는 자료형을 제공하고 있습니다.

리스트란?

리스트는 말 그대로 '목록'이라는 뜻이며, 데이터의 나열(또는 집합)을 의미합니다. 파이썬에서 리스트를 쓰는 방법은 간단합니다.

Line **list.py**

```
변수명 = [값, 값, 값]
```

변수에 리스트를 저장할 때는 대괄호([])로 묶어주고, 대괄호 안에 콤마(,)로 구분하여 여러 값을 저장할 수 있습니다.

• 숫자(정수)만 5개 들어 있는 리스트를 만들 경우

```
      (Python Shell)

>>>   int_list = [10, 20, 30, 40, 50]
      int_list
>>>   [10, 20, 30, 40, 50]
      type(int_list)
>>>   <class 'list'>
```

위와 같이 정수로만 이뤄진 리스트를 만들었다고 가정합시다. 10, 20과 같이 저장된 각 값을 요소(element) 혹은 아이템(item)이라고 부릅니다. 그리고 콤마(,)로 구분해 각 값을 대괄호 안에 넣은 모습을 볼 수 있습니다. 이제 이 "int_list"라는 변수에서 각 값을 뽑아 쓸 수 있게 됩니다.

• 문자열만 저장한 경우

Line	string-list.py

```
string_list = ['Kim', 'Hong-Gil-Dong', 'Hanyang', 'Hy-In']
```

리스트는 모든 자료형을 저장할 수 있습니다. 위와 같이 문자열만 저장하는 것도 가능하고, 정수, 실수, 불리언(Boolean) 등 다양한 자료형을 리스트에 저장할 수 있습니다.

• 자료형을 섞어서 저장한 경우

Line	mixed-list.py

```
mixed_list = ['Hanyang', 100, 222.2, True]
```

파이썬에서 리스트는 자료형을 섞어서 저장할 수도 있습니다. 다른 프로그래밍 언어에서는 불가능한 경우도 있지만, 파이썬에서는 리스트에 다양한 자료형을 섞어서도 저장할 수 있도록 지원합니다.

- **빈 리스트 만들기**

```
Line    empty-list.py

1   empty_list1 = []
2   empty_list2 = list()
```

리스트는 데이터가 없는 빈 리스트 상태로도 변수에 저장할 수 있습니다. 빈 리스트를 작성하는 방법으로는 Line 1과 같이 대괄호만을 입력하는 방식과, Line 2와 같이 list() 함수를 이용하는 방식이 존재합니다. 여기서 왜 빈 리스트를 만드는지 의아할 것입니다. 아무런 데이터가 없으므로 필요가 없어 보이지만, 사실은 프로그램이 실행되면서 계속해서 리스트에 데이터가 추가되거나 빠지는 등 목적에 따라 리스트는 다양한 방식으로 쓰일 수 있습니다. 따라서 처음에는 빈 리스트로 설정하고, 후에 새 값이 추가되며 리스트를 사용하는 방식도 있기에 빈 리스트는 컴퓨팅적 사고를 위해서도 꼭 필요합니다.

range

우리가 연속된 정수를 리스트로 만든다고 생각해 봅시다. 만약 1부터 100까지의 숫자를 리스트로 만든다고 하면, 분명 변수 100개를 만드는 것보다는 리스트로 입력하는 것이 훨씬 간편할 것입니다. 하지만 대괄호 안에 100개의 숫자를 일일이 타이핑하는 것 또한 매우 귀찮은 일임은 분명합니다. 이를 위해 파이썬에서는 자동으로 시작 숫자부터 끝 숫자까지 연속된 정수를 반환해주는 객체가 있습니다. 바로 range입니다.

- **인자를 1개만 넣은 경우**

```
(Python Shell)

>>> a = list(range(10))
>>> a
[0, 1, 2, 3, 4, 5, 6, 7, 8, 9]
```

먼저 range()로 생성된 자료형은 range 객체입니다. 리스트 자료형이 아니기 때문에 우리가 빈 리스트를 만들 때 썼던 함수 list() 함수를 이용합니다. list() 함수 안에 인자로 range 객체를 넣어주면, range() 함수의 결과를 리스트로 변환해 줍니다.

이제 range() 함수에 인자를 1개만 넣었을 때 결과를 봅시다. '10'이라는 숫자를 range() 함수의 인자로 넣어줬습니다. 이를 list()함수로 변환하여 'a' 변수를 출력한 결과, 0부터 9까지 10개의 숫자 데이터를 리스트로 가지고 있습니다. 즉, range() 함수에 1개의 숫자만을 넣게 되면, 0부터 시작해 인자로 넣어준 숫자에 1을 뺀, 10의 경우엔 9까지를 데이터로 저장해 주는 함수가 됩니다.

- **인자를 2개 넣은 경우**

```
(Python Shell)

>>>  a = list(range(5, 12))
>>>  a
     [5, 6, 7, 8, 9, 10, 11]
```

range() 함수에 인자 2개를 넣은 경우, 첫 번째 인자가 시작 숫자, 그리고 두 번째 인자가 끝 숫자가 되어 해당 범위를 반환합니다. 이때 인자 1개만 넣었을 때와 똑같이 **끝 숫자는 제외합니다**. 따라서 위와 같이 range(5, 12)의 경우, 5부터 11까지의 숫자를 리스트로 반환하는 모습을 볼 수 있습니다.

요소와 인덱스

리스트에는 각 데이터는 요소(또는 아이템)라고 했습니다. 그렇다면 이 각 요소를 실제 프로그램 코드를 진행하며 데이터로 이용하기 위해서는 어떻게 리스트에 접근해야 할까요? 바로 인덱스(index)를 통해 리스트의 요소에 접근할 수 있습니다.
인덱스는 숫자로 인식하고, 리스트의 첫 요소부터 0에서 시작하면 됩니다. 두 번째 요소는 인덱스가 1, 세 번째 요소는 인덱스가 2인 셈입니다. 이제 접근하고자 하는 요소의 인덱스 번호를 알았다면, 리스트 변수명에 대괄호를 붙이고 그 대괄호 안에 인덱스 번호를 넣어줍니다. 그렇게 리스트의 요소에 접근할 수 있습니다.

- 문자열 리스트의 경우

(Python Shell)

```
>>> shape = ['square', 'circle', 'triangle']
>>> shape[0]
'square'
>>> shape[1]
'circle'
>>> shape[2]
'triangle'
```

- 자료형이 섞여 있는 리스트의 경우

(Python Shell)

```
>>> a = ['Hanyang', 100, 222.2, True]
>>> a[0]
'Hanyang'
>>> a[1]
100
>>> a[2]
222.2
>>> a[3]
True
```

잘못된 인덱스 접근

만약 잘못된 인덱스를 사용하는 경우, 에러가 발생합니다!

(Python Shell)

```
>>> int_list = [10, 20, 30]
>>> int_list[3]                # 3번째 인덱스는 존재하지 않음!
Traceback (most recent call last):
  File "<pyshell#10>", line 1, in <module>
    int_list[3]
IndexError: list index out of range
```

위와 같이 IndexError가 발생하게 됩니다. 설명도 list의 index가 out of range라고 말해주고 있죠. 따라서 프로그램이 실행 중에 항상 리스트의 인덱스 범위를 넘지 않도록 설계해야 합니다.

인덱스로 값 변경

리스트의 인덱스를 이용하면 마치 변수처럼 각 데이터에 접근할 수 있었습니다. 리스트에서 만약 인덱스에 해당하는 값을 변경하고 싶다면, 이 또한 변수처럼 할당 연산자(=)를 사용하여 리스트의 값을 변경할 수 있습니다.

- int_list에서 0번째 인덱스의 값을 변경하는 경우

(Python Shell)

```
>>> int_list = [10, 20, 30, 40, 50]
>>> int_list[0]
10
>>> int_list[0] = 77
int_list[0]
77
```

리스트와 while문 사용

for문을 배우기 전에, 이미 배운 반복 흐름의 while문을 통해 리스트를 어떻게 반복문과 같이 사용하는지 알아봅시다.

Line	while-list.py

```
score = [90, 70, 80, 50, 60]

i = 0
while i < 5:
    print(score[i])
    i += 1
```

실행 결과

```
90
70
80
50
60
```

처음 Line 1에서 'score'라는 이름의 리스트를 선언하고 초기화하는 부분입니다. 이 리스트에는 다섯 개의 정수가 들어 있습니다. 이는 각각의 학생들의 점수를 나타내는 데이터입니다. 그 후에는 변수 i를 0으로 초기화합니다. 이 변수는 반복문에서 사용될 것이며, 현재 어느 인덱스의 점수를 출력할지를 나타냅니다.

Line 4부터 반복문이 시작됩니다. 조건은 i가 5보다 작을 때까지 반복한다는 것을 의미합니다. 리스트의 인덱스는 0부터 시작하기 때문에 i를 0으로 초기화한 것입니다. 이로써 0, 1, 2, 3, 4까지의 인덱스 모두 while문을 통해 접근할 수 있게 됩니다.

while 루프 내부에서는 현재 i에 해당하는 인덱스의 score 리스트의 값을 출력합니다. 초기에 i는 0이므로, 처음에는 score[0] 즉, 90이 출력됩니다. 그 후에 i를 1씩 증가시키면서 다음 인덱스의 값을 출력하게 됩니다.

어떤가요? 반복문을 이용할 때 리스트가 어떻게 쓰이는지 감이 오시나요? 우리가 인스타그램 예제에서 순차 검색을 시도할 때, csv 파일에서 데이터 프레임을 좌표처럼 인덱스를 통해 팔로워 수를 가지고 왔었습니다. 사실 데이터 프레임도 리스트 * 리스트라고 볼 수 있습니다. 리스트 인덱스에 또 리스트가 들어 있는 셈이죠. 그렇게 행렬이 완성되고, 우리는 각 행과 열의 인덱스를 통해 데이터를 불러온 것입니다.

그러면 이렇게 불러오고, 값만 변경할 수 있는 것일까요? 아닙니다. 우리가 처음 리스트를 만들 때, 빈 리스트에서 시작하는 경우가 있다고 말했습니다. 즉, 리스트에 요소를 추가도, 삭제도 할 수 있다는 말입니다. 이제 리스트의 요소를 관리하는 방법을 배우러 가봅시다.

리스트에서 요소 추가하기

- **기존 리스트에 요소 추가하기**

  먼저 만들어진 리스트 변수 이름과 함께 append 메서드를 이용하여 리스트의 맨 마지막에 요소를 추가할 수 있습니다.

```
(Python Shell)

>>> a = [10, 20, 30]
>>> a
    [10, 20, 30]
>>> a.append(40)
>>> a
    [10, 20, 30, 40]
>>> a.append('abc')
>>> a
    [10, 20, 30, 40, 'abc']
```

위에서 보는 것과 같이, 40과 'abc'를 각각 append 메서드를 통해 추가해주면서 맨 마지막 요소로 추가된 모습을 볼 수있습니다.

- **빈 리스트에 요소 추가하기**

  빈 리스트에서도 똑같은 리스트이기 때문에 append로 추가할 수 있습니다. 따라서 잘 구성된 프로그램의 경우, 빈 리스트로 초기 리스트를 만들고, 각 목적에 맞는 값들만을 리스트에 집어넣는 형식을 취하고 있습니다.

```
(Python Shell)

>>> a = []
>>> a
    []
>>> a.append('a')
>>> a.append('b')
>>> a.append('c')
>>> a
    ['a', 'b', 'c']
```

- **기존 리스트의 마지막 요소 삭제하기**

  요소를 삭제하기 위해서는 먼저 이미 요소들이 들어 있는 리스트에서 진행해야겠죠? 여기서 pop() 메서드를 사용하면 리스트의 마지막 요소를 삭제할 수 있습니다. 그리고 그 마지막 요소를 반환(return)하는 것까지가 pop() 메서드의 역할입니다. 현재 파이썬 쉘로 예시를 들면서 return값이 바로 출력되는데, 프로그램에서는 return, 반환값이라고 생각하면 됩니다.

(Python Shell)

```
>>> a = [10, 20, 30]
>>> a.pop()
30                    # 반환값
>>> a
[10, 20]
>>> a.pop()
20                    # 반환값
>>> a
[10]
```

위에서 보는 것과 같이, [10, 20, 30] 리스트에서 pop() 메서드를 할 때마다 각 마지막 요소를 출력하면서 리스트에서 해당 요소가 사라진 모습을 볼 수 있습니다.

- **리스트에서 특정 인덱스로 요소 삭제하기 1 (pop() 메서드)**

  마지막 요소가 아닌 특정 인덱스의 자료를 삭제하고 싶을 때가 있습니다. 이때는 pop() 메서드에 인자로 해당 인덱스를 넣어주면 됩니다.

(Python Shell)

```
>>> a = [10, 20, 30]
>>> a.pop(1)
20                    # 반환값
>>> a
[10, 30]
```

```
>>>    a.pop(0)
       10                       # 반환값
>>>    a
       [30]
```

• **리스트에서 특정 인덱스로 요소 삭제하기 2 (del 키워드)**

또 다른 방식으로는 del 키워드가 있습니다. del 키워드는 해당 리스트의 인덱스 번호만을 인자로 받는 것이 아니라, 아예 요소를 호출하는 방식인 "변수명[인덱스]"를 이용합니다. del 키워드는 반환값이 없고, 오로지 요소 삭제만을 진행합니다.

```
(Python Shell)

>>>    a = [10, 20, 30]
>>>    del a[1]                 # 반환값 없음
>>>    a
       [10, 30]
>>>    del a[0]                 # 반환값 없음
>>>    a
       [30]
```

빈 리스트에서 pop()

빈 리스트에서 pop() 메서드를 진행하면 어떻게 될까요? 마지막 요소를 삭제하고 값을 반환해야 하는데, 아예 요소기 존재하질 않습니다. 한번 직접 실행해 봅시다.

```
(Python Shell)

>>>    a = []
>>>    a.pop()
       Traceback (most recent call last):
         File "<pyshell#1>", line 1, in <module>
           a.pop()
       IndexError: pop from empty list
```

위와 같이 IndexError가 발생하게 됩니다. 에러 설명도 pop from empty list로 빈 리스트에

서는 pop()을 할 수 없다고 말합니다. 따라서 알고리즘 등 리스트를 쓰면서 값이 추가되고 삭제하는 로직을 작성할 때는 항상 인덱스, 빈 리스트의 경우를 고려하며 프로그램을 작성해야만 예기치 못한 에러를 방지할 수 있습니다.

리스트의 길이 알아내기

파이썬에서는 len()이라는 함수를 지원합니다. 'length'의 약자를 함수로 만들었기에, 그 뜻인 길이를 구하는 함수입니다. 무엇의 길이를 구하는지는 예상하실 수 있겠죠? 바로 리스트의 길이입니다. 리스트에는 많은 데이터를 넣을 수 있지만, 이 리스트에 얼마나 많은 데이터가 있는지 일일이 세기에는 힘들 것입니다. 따라서 파이썬에서는 len() 함수를 지원해 리스트의 요소 개수를 바로 계산할 수 있도록 해줍니다.

(Python Shell)

```
>>> a = [10, 20, 30]
>>> len(a)
3
>>> a.pop()
30
>>> a.pop()
20
>>> len(a)
1
>>> a.pop()
10
>>> len(a)
0
>>> a
[]
```

지금까지 리스트와 요소의 추가·삭제, 그리고 리스트의 길이까지 기본적인 리스트를 사용하는 방법에 대해 알아봤습니다. 이제 이 리스트를 가지고 for문과 함께 반복문을 어떻게 사용하는지 알아봅시다.

| for문 |

for문은 while문의 조건식과 다르게 range()를 이용하거나 리스트를 이용합니다. 조건식으로 반복의 참·거짓 여부를 결정하는 것이 아니라, range() 또는 리스트 안의 데이터(['a', 'b', 'c'])를 가지고 바로 for문 아래의 코드를 실행하게 됩니다.

for-usage.py

```
1  for 변수 in 범위:
2      실행문장 1
3      실행문장 2
```

위 for문의 사용법 코드 예시의 Line 1에서, for문은 in 뒤에 주어진 범위의 처음부터 끝까지 반복하게 됩니다. 그리고 범위 안의 데이터(range()의 경우 숫자 0, 1, 2)는 for 뒤의 변수 이름을 설정하여 아래의 실행 문장에서 변수로써 사용할 수 있습니다.

for와 range

먼저 for와 range를 함께 사용하는 법을 알아보겠습니다. range()에 반복할 횟수를 지정하고 for 뒤의 변수명은 원하는 대로 설정하면 됩니다. 예시에서는 i라고 칭하겠습니다.

- for-range 사용법

for-range.py

```
for 변수 in range(횟수):
    실행문장 1
    실행문장 2
```

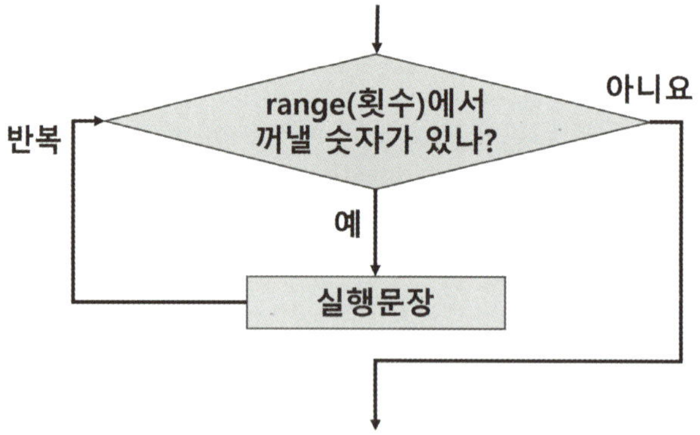

range()는 list()를 통해 [0, 1, 2, ...]로 변환할 수 있었습니다. 즉, range()는 순서를 담고있는 객체입니다. 따라서 range()가 리스트 객체가 아니어도, (0, 1, 2, ...) 순서로 숫자를 가지고 있다고 생각하면 되겠습니다. 다음의 예시를 통해 더 자세하게 알아봅시다.

- for-range 사용 예시

for-range-example.py

```
1  for i in range(5):
2      print('Hello, Python!', i)
```

실행 결과

```
Hello, Python! 0
Hello, Python! 1
Hello, Python! 2
Hello, Python! 3
Hello, Python! 4
```

이 예시는 range(5)를 통해 0부터 4까지의 순서를 받아 for문을 통해 반복 흐름을 실행한 결과입니다. 이때 for문에서는 range에서 숫자 한 개씩을 i라는 변수에 받아 아래의 print()문에서 사용할 수 있습니다. 따라서 range(5)는 (0, 1, 2, 3, 4)의 숫자를 담고 있고, 이를 i라는 변수로 사용한다고 Line 1에서 선언한 것과 같습니다.

Line 2에서 마지막 i도 출력하는 것을 포함하여 실행한 결과, 출력이 5번 반복되면서 마지막 숫자는 range 범위의 숫자 순서로 출력되는 모습을 볼 수 있습니다. 즉, for문에서는 범위 데이터를 각각 i라는 변수에 저장하고, for문의 코드 블록 안에서 변수 i를 값으로 사용할 수 있게 해줍니다. 그리고 반복 흐름은 범위 데이터의 처음부터 시작해 마지막 데이터까지 사용하죠. 물론, 그 전에 break문을 만나면 먼저 종료될 수 있습니다.

for와 리스트(List)

이제 range를 통해 for문 반복 흐름을 만들어봤으니, 리스트까지 이용해봅시다. 우리가 리스트 안의 데이터에 접근할 때에는 대괄호와 인덱스 번호로 접근한다고 했습니다. 또 우리는 range를 통해 for문 안에서 0부터 시작하는 i라는 변수를 설정할 수 있었습니다. 이제 이 변수를 인덱스 번호로 이용해 for문에서 리스트를 이용해봅시다.

- **range와 리스트를 함께 사용하는 예시**

Line | **for-range-list-example.py**

```
1  score = [90, 70, 80, 50, 60]
2
3  for i in range(5):
4      print(score[i])
```

실행 결과

```
90
70
80
50
60
```

이 예시는 score라는 리스트를 선언하고, for문에서 리스트의 각 요소를 출력하는 for문입니다. Line 4에서 보는 것과 같이, score에 대괄호를 붙여 그 안에 i라는 변수를 넣어줬습니다. 즉, score 리스트에 접근하는 인덱스로 매 반복할 때마다 i의 값을 사용하므로, 0부터 4까지의 값을 차례로 생성한 range(5)로 인해 모든 score의 데이터를 차례로 출력하게 됩니다. 이렇게 위와 같은 방식으로 for문에서 반복 흐름으로 리스트를 range()와 함께 이용할 수 있습니다.

• for문에 리스트를 바로 사용하는 예시

Line | for-list-example.py

```
for i in [90, 70, 80, 50, 60]:
    print(i)
```

실행 결과

```
90
70
80
50
60
```

우리가 리스트의 데이터에 접근할 때, 보통은 인덱스 번호를 통해 대괄호와 함께 접근했습니다. 하지만, 위 예시에서 보이는 것처럼, in 뒤에 바로 리스트가 올 수 있습니다. 이전 예시에서의 score라는 변수명으로도 대체할 수 있습니다.

리스트를 바로 in과 함께 사용하게 되면, 이제는 range와 같은 0부터 시작하는 숫자 값이 아니라 해당 리스트의 첫 번째 데이터부터 바로 변수 i로 사용할 수 있게 됩니다. 다시 말해, 리스트 [90, 70, 80, 50, 60] 자체가 반복문에서 직접 사용되었습니다. 이 방식을 사용하면 리스트의 각 요소를 순회하면서 변수 i에 할당하여 반복 작업을 수행할 수 있습니다. 이전 예시에서처럼 인덱스를 사용하는 것보다 간편하며, 코드도 더 간결해집니다. 리스트의 순서대로 변수에 할당되기 때문에 리스트 내의 각 요소에 직접 접근할 수 있습니다.

하지만 인덱스로 접근하는 것이 좋은지, 직접 리스트에 바로 접근하는 것이 좋은지는 코드의 재사용성, 디자인 철학과 관련해 실제 프로젝트를 진행하면서 결정하게 되므로, 두 방법 모두 알고 있는 것이 좋습니다.

| 인스타그램 순위 이진 검색 완성하기 |

지금까지 while 루프와 반복 흐름, 그리고 인스타그램 순위 순차 검색까지 구현해봤습니다. 이제 for 루프와 리스트까지 배웠지만 아쉽게도 이진 검색을 구현하는데 쓰지는 않습니다. 그럼에도 파이썬 프로그래밍하는 데 있어서 매우 중요한 개념이므로, 반드시 알고 넘어가기를 바라는 마음으로 이진 검색을 완성하기 전에 설명했습니다. 이제 이진 검색을 완성하러 가봅시다!

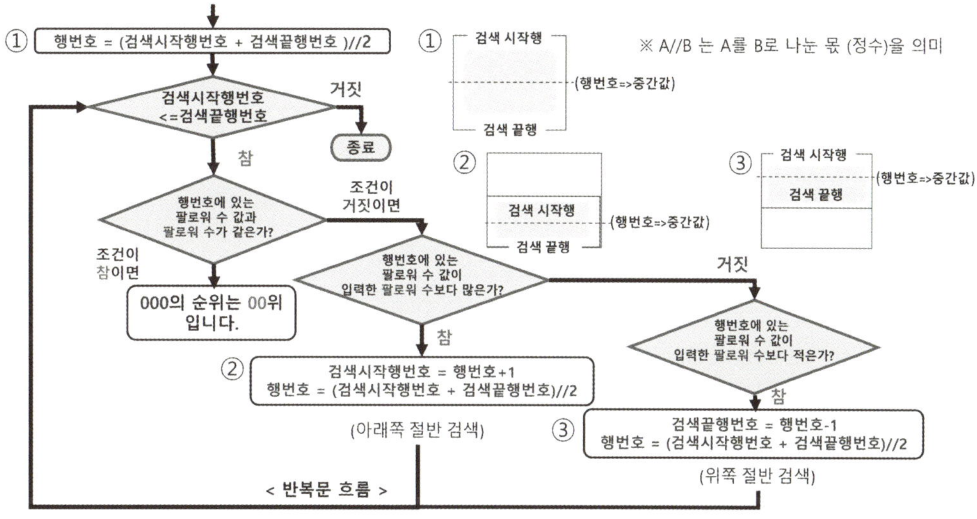

우리가 엔트리 블록 코딩에서 미리 살펴봤던 이진 검색 플로우 차트입니다. 기억나지 않더라도 우선 화살표 방향대로 천천히 흐름을 따라가 보며, 어떻게 구현할지 이해하고 파이썬 프로그래밍으로 넘어가도록 합시다. 만약 준비가 다 됐다면, 파이썬으로 이진 검색을 완성해 봅시다!

인스타그램 순위 이진 검색 코드

instagram-binary-search.py

```
import pandas as pd
# 인스타그램 순위 검색 인물 및 팔로워수 입력 함수 선언
def instaSearchInput():
    global name, follower_num
    name = input('누구의 인스타그램 순위를 알고 싶니? ')
    follower_num = float(input('팔로워 수는 몇이니? '))
```

```
# 인스타그램 순위 이진 검색 함수 선언
def instaBinarySearch():
    global search_attempt_num, value, follower_num,
name,row_index, ranking_col_index
    start_index = 0     # 검색 시작 값(1위로 초기화)
    end_index = 49      # 검색 끝 값(50위로 초기화)
    # 검색 행번호를 중간 팔로우 수 값으로 설정
    row_index = (start_index + end_index) // 2
    while start_index <= end_index:
        search_attempt_num += 1        # 검색 시도 횟수 1증가
        # iat메서드(함수)로 [행, 열]의 값을 읽어와서 value에 저장하기
        value = float(df.iat[row_index, followernum_col_index])
        if follower_num == value:
            print(name + '의 순위는 ' +
                str(data_frame.iat[row_index, ranking_col_index]) +
                '위입니다.')
            break
        elif follower_num < value:
            start_index = row_index + 1
            # 검색 행번호를 중간 팔로우 수 값으로 설정
            row_index = (start_index + end_index) // 2
        elif follower_num > value:
            end_index = row_index - 1
            # 검색 행번호를 중간 팔로우 수 값으로 설정
            row_index = (start_index + end_index) // 2
df = pd.read_csv('instagram-rank.csv')   # csv 파일 읽기
# 행과 열의 인덱스를 지정
row_index=0                     # 첫 번째 행 번호
followernum_col_index=4         # 팔로워 수 열 번호
# 인스타그램 순위 검색 인물과 팔로워수 입력 함수 호출
instaSearchInput()
# 인스타그램 순위 컬럼 인덱스 변수 선언
rank_col_index = 1
# 검색 시도 횟수 변수 선언
search_attempt_num = 0
# 이진 검색 함수 실행
instaBinarySearch()
# 검색 시도 횟수 출력
print('검색 시도 횟수:', search_attempt_num)
```

우리가 순차 검색 코드와 달라진 점은 다음과 같습니다.

- Line 7-28: 순차 검색 함수을 이진 검색 함수로 구현했습니다.
  - Line 10-11: start_index, end_index를 초기에 0, 49로 세팅해 전체에서 중간부터 순위 검색을 하도록 진행했습니다.
  - Line 13: 처음 while문으로 넘어가기 전에, row_index 값을 초기의 start_index, end_index의 중간값으로 설정했습니다. (몫 연산자 '//'사용)
  - Line 18-20: 순위 검색에 성공하면 print문을 출력하고, break를 통해 while문에서 빠져 나옵니다.
  - Line 21-28: 순위 검색에 실패하면 while문으로 계속해서 start_index와 end_index를 업데이트하며 row_index 값을 바꿔줘서 순위를 검색합니다.

- Line 39-40: 이진 검색 함수를 한 번만 실행하면 되므로, Line 40과 같이 바뀝니다.
  - 이는 순차 검색 함수가 1번만 검색함을 이용해 while문으로 함수 전체를 반복 실행하던 것과 달리, 함수 한 번만을 사용하면 되므로 전체 코드로 볼 때 더욱 직관적입니다.

코드를 완성한 후, 한번 메시의 팔로워 수, 그리고 우리가 목표했던 '김한양'의 팔로워 수 등 여러 가지 경우를 입력해 보고 순위를 알아봅시다. 팔로워 수를 제대로 입력했을 때와 잘못 입력했을 때를 기준으로 각각 알아봅시다.

실행 결과 1 – 팔로워 수를 알맞게 입력한 경우 (메시)

```
(입력)  누구의 인스타그램 순위를 알고 싶니? 메시
(입력)  팔로워 수는 몇이니? 483
        메시의 순위는 3위입니다.
        검색 시도 횟수: 4
```

실행 결과 2 – 팔로워 수를 알맞게 입력한 경우 (김한양)

```
(입력)  누구의 인스타그램 순위를 알고 싶니? 김한양
(입력)  팔로워 수는 몇이니? 80.9
        김한양의 순위는 47위입니다.
        검색 시도 횟수: 4
```

순차 검색과 검색 시도 횟수가 확연히 차이납니다. 메시의 경우엔 검색 시도 횟수가 한 번 늘어났습니다. 하지만 김한양의 경우는 어떤가요? 47번에서 무려 43이나 줄어든 4번으로 확연히 줄어들었습니다. 다시 한번 이진 검색, 즉 알고리즘이 성능 개선에 큰 영향을 미친다는 것을 알 수 있는 모습입니다.

실행 결과 3 – 팔로워 수를 잘못 입력한 경우 (메시)

```
(입력)  누구의 인스타그램 순위를 알고 싶니? 메시
(입력)  팔로워 수는 몇이니? 480
        검색 시도 횟수: 5
```

실행 결과 4 – 팔로워 수를 잘못 입력한 경우 (김한양)

```
(입력)  누구의 인스타그램 순위를 알고 싶니? 김한양
(입력)  팔로워 수는 몇이니? 81
        검색 시도 횟수: 6
```

일치하는 팔로워 수가 없는 경우에도 50위까지 모두 검색하는 순차 코드와는 달리, 이진 검색은 메시의 경우 480만명을 입력했을 때 검색 시도 횟수는 5번입니다. 김한양의 경우에도 81만명을 입력했을 때 시도 횟수는 6번으로 50번씩 검색하던 순차 검사와는 달리, 이진 검색은 전체 검사에도 성능 개선이 크게 이뤄짐을 알 수 있죠. 파이썬으로 코딩을 해보니 조금 다르게 느껴지나요? 다른 느낌이 들더라도 알고리즘은 변하지 않았습니다. 똑같은 플로우 차트에서 이어져왔죠. 파이썬으로도 이진 검색까지 한 번 더 코드를 짜보는 경험을 해봄으로써, 엔트리 블록 코딩과 더불어 이진 검색 알고리즘이 순차 검색에 비해 효율적인 이유를 코드와 결과를 통해 명확히 이해하도록 했습니다. 부디 잘 따라왔길 바랍니다 :)

파이썬을 사용하여 알고리즘을 구현하면 코드의 간결성과 가독성이 높아져 이해하기 쉬워집니다. 마지막 부분의 코드에서도 순차 검색을 while문으로 다시 감싸준 것과 달리, 이진 검색은 함수 한 줄만 입력하면 됐습니다. 이러한 경험을 통해 알고리즘과 데이터 구조의 중요성을 깨닫고, 특히 대용량의 데이터를 다룰 때 어떻게 성능을 향상시킬 수 있는지에 대한 이해력을 순차와 이진 검색의 예시를 통해서나마 간단하게라도 얻어가게 되었으면 합니다.

실습 1 아래와 같이 3개의 문자열을 입력받아 리스트에 저장하고 출력해주는 프로그램을 작성하시오. (단, 3번 반복은 for와 range 함수를 이용하고, 리스트에 값 저장을 위해서 빈 리스트를 만들고 리스트 객체의 append()를 이용할 것)

실행 결과

```
       입력하세요.
(입력) 사과
       입력하세요.
(입력) 10
       입력하세요.
(입력) 한양대학교
       ['사과', '10', '한양대학교']
```

실습 2 아래와 같이 빈 리스트를 하나 만든 후 먼저 리스트 안의 값을 출력한 후, 사용자로부터 3개의 추가할 정수를 입력받으면서 현재 리스트값을 출력해주는 프로그램을 작성하시오.

실행 결과

```
       3개의 값을 추가합니다.
       []
(입력) 리스트에 추가할 값을 입력하세요: 10
       [10]
(입력) 리스트에 추가할 값을 입력하세요: 20
       [10, 20]
(입력) 리스트에 추가할 값을 입력하세요: 30
       [10. 20. 30]
```

실습 3 아래와 같이 먼저 리스트를 만들어서 리스트의 값을 보여주고(실행 예시와 동일한 값들을 가진 리스트를 만들 것), 이후에 지우고자 하는 리스트의 인덱스를 물어봐서 인덱스를 입력하면 리스트의 해당 인덱스값을 지워주는 프로그램을 작성하시오. (단, 첫 번째 삭제 때는 pop()을 사용하고, 두 번째는 del을 사용할 것)

실행 결과 1

```
        [100, 90, 80, 70, 60]
        지우고자 하는 원소의 인덱스는? (pop() 사용 삭제)
(입력)  0
        [90, 80, 70, 60]
        지우고자 하는 원소의 인덱스는? (del 사용 삭제)
(입력)  0
        [80, 70, 60]
```

실행 결과 2

```
        [100, 90, 80, 70, 60]
        지우고자 하는 원소의 인덱스는? (pop() 사용 삭제)
(입력)  2
        [100, 90, 70, 60]
        지우고자 하는 원소의 인덱스는? (del 사용 삭제)
(입력)  3
        [100, 90, 70]
```

10

객체지향 프로그래밍 (OOP)

지금까지는 프로그래밍의 기초가 되는 컴퓨팅적 사고, 순차, 조건, 반복 흐름과 더불어 파이썬 프로그래밍을 배웠습니다. 하지만 지금까지는 정말로 기초가 되는 것들을 배운 것이고, 이를 바탕으로 실생활의 문제를 해결하기 위한 솔루션을 프로그래밍해야 합니다.

이러한 솔루션을 만들기 위해 현재의 컴퓨터 공학, 컴퓨터 과학에서는 **객체지향 프로그래밍 (Object-Oriented Programming: OOP)**을 이용하고 있습니다. 이 OOP는 현실 세계의 사물을 모델로 삼아 프로그램을 개발하는 프로그래밍 패러다임이며, 현실을 모델로 삼았기 때문에, 문제를 해결하는 데도 강력하고 매력적인 솔루션을 제공하게 됩니다.

파이썬도 이 객체지향 프로그래밍을 지원하는 언어입니다. 입문자가 배우기 쉬우면서, OOP를 지원하는 언어로 너욱 많은 이들이 이용하는 언어가 되어가고 있습니다. 하지만 이 객체지향 프로그래밍, 즉 OOP 전체를 아울러 공부하기에는 큰 노력과 많은 시간이 필요합니다. 따라서 우리는 이 객체지향 프로그래밍과 파이썬 사용법에 대해 간단하고 쉽게 배워보도록 하겠습니다.

| 객체란? |

파이썬의 모든 것은 객체입니다. 예를 들어, 숫자, 문자열, 리스트 등은 모두 객체입니다. 객체는 현실 세계의 개념이나 사물을 프로그래밍에서 모델링한 것으로, 데이터와 해당 데이터를 조작하는 메서드(함수)를 함께 포함하는 독립적인 단위입니다. 파이썬에서는 이러한 객체를 생성하고 조작하는 것을 지원하고 있습니다. 예를 들어 리스트도 객체이며, append()라는 메서드를 포함하고 있습니다. 이처럼 객체는 메서드를 포함하고, 다른 것들도 가질 수 있습니다.

객체(object)가 가지고 있는 것

- **유형(type)**
  객체는 특정한 유형을 나타냅니다. 이 유형은 해당 객체가 어떤 종류의 데이터를 나타내는지를 정의합니다. 예를 들어, 정수형 객체, 문자열 객체, 리스트 객체 등은 각각 int, str, list와 같은 유형을 나타냅니다.

- **내부 데이터 표현(primitive or composite)**
  객체는 내부적으로 데이터를 표현합니다. 이 데이터는 기본 데이터 형식(primitive)일 수도 있고, 여러 데이터를 조합한 복합 데이터 형식(composite)일 수도 있습니다. 예를 들어, 정수형 객체는 내부적으로 정수 데이터를 저장하며, 리스트 객체는 여러 요소를 포함한 배열과 같은 데이터를 내부적으로 갖습니다.

- **객체와의 상호작용을 위한 일련의 절차**
  객체는 메서드(Method)라 불리는 함수를 통해 외부와 상호작용합니다. 이 메서드는 객체의 특정 기능을 나타내며, 객체가 제공하는 기능을 호출하면 해당 객체는 내부 데이터를 조작하거나 외부에 어떤 행동을 수행할 수 있습니다. 객체 간에는 메시지 전달이라고도 할 수 있는 상호작용이 이루어집니다.

객체와 인스턴스

객체는 어떤 한 유형을 정의한 것과 같습니다. 그리고 이러한 정의를 이용해 생성해 낸 것, 실체를 '인스턴스(instance)'라고 부릅니다. 아래와 같이 int 객체인 경우, 숫자 1, 2, 3과 같은 것들은 인스턴스라고 부릅니다.

객체	인스턴스
int	123, 11, -1
string	"Hanyang", "Hello"

실생활에 비유하자면 마치 붕어빵틀과 붕어빵의 관계로 볼 수 있습니다. 객체는 붕어빵틀로 정의한 상태이고, 이 객체를 이용해 인스턴스인 붕어빵을 여러 개 만들어 내는 것입니다.

객체(붕어빵틀)

인스턴스(붕어빵)

객체의 핵심은 데이터와 기능을 하나로 묶어 관리하고, 코드를 모듈화하여 유지보수성과 재사용성을 높이는 것에 있습니다. 예를 들어, 자동차 객체는 색상, 속도, 제조사 등의 속성을 가지며, 주행, 정지, 경적 울리기 등의 행동을 수행할 수 있습니다. 이러한 객체는 클래스라는 설계도를 기반으로 생성되며, 동일한 클래스로부터 여러 개의 인스턴스(객체의 실체)를 생성할 수 있습니다.

| 클래스란? |

클래스는 우리가 말한 객체를 만들기 위한 설계도, 붕어빵틀과 같습니다. 클래스는 속성(attribute)과 메서드(method)로 이루어져 있습니다. 클래스를 활용하면 코드를 쉽게 재사용할 수 있습니다. 많은 Python 모듈이 새로운 클래스를 정의하여 모듈 간의 독립성을 유지하고, 각 클래스는 개별적인 환경을 제공하여 함수 이름 충돌을 피할 수 있습니다. 또한, 상속을 통해 하위 클래스는 상위 클래스의 동작을 선택적으로 재정의하거나 확장할 수 있어 코드의 유연성을 높이고 확장성을 제공합니다. 이러한 객체지향 프로그래밍의 특성들은 코드를 구조화하고 개발자가 쉽게 이해할 수 있도록 도와줍니다.

클래스 구현

함수 정의와 유사하게, 클래스 정의 명령문은 들여쓰기 코드로 작성됩니다. 클래스는 일종의 틀로, 객체를 생성하는 데 사용됩니다. 아래는 클래스 정의의 기본 구조입니다.

class-basis.py

```
class Car:
    # 클래스 속성, 메서드 정의
```

여기서 'Car'는 클래스의 이름을 나타내며, 클래스의 속성이나 메서드를 정의하는 부분은 들여쓰기로 나타냅니다. 클래스는 객체를 생성하기 위한 틀일 뿐, 실제 데이터는 이 틀을 사용하여 생성된 객체에서 관리됩니다.

클래스 구현 예시

클래스에는 속성(attribute)에는 데이터와 메서드들이 있습니다. 데이터는 그 클래스 안에서만 사용 가능한 데이터를 담고, 메서드는 클래스에서 내부의 데이터를 이용할 수 있는 함수들을 정의합니다. 다음의 예시를 통해 실제 클래스를 구현해 보고, 각 속성에 대해 알아봅시다.

class-car.py

```
class Car:
    def __init__(self, color, speed):
        self.color = color
        self.speed = speed

    def drive(self):
        print("Driving")

    def stop(self):
        print("Stopping")
```

```
11
12    red_car = Car("red", 60)
13    red_car.drive()
14    print(type(red_car))
```

실행 결과

```
Driving
<class '__main__.Car'>
```

파이썬에서는 클래스를 정의할 때는 __init__ 메서드를 사용하여 객체의 초기 상태를 설정할 수 있습니다. 위의 코드에서 Car 클래스는 자동차 객체를 나타내는데, color와 speed라는 속성을 가지고 있습니다. 또한, drive()와 stop()이라는 메서드를 통해 특정 행동을 정의하고 있습니다.

Line 12-13에서 red_car라는 인스턴스는 Car 클래스의 attribute인 color와 speed를 가지고 있으며, 각각 "red"와 60으로 초기화되어 있습니다. 이러한 attribute를 통해 각 인스턴스는 자체적인 상태를 가지고 있어 객체지향 프로그래밍에서 모델링하려는 현실 세계의 특성을 잘 반영할 수 있습니다.

여기서 __init__ 메서드를 포함한 다른 메서드들도 모두 첫 번째 인자로 "self"를 사용하는데, 이는 클래스의 인스턴스를 참조하는 역할을 합니다. 이 "self" 인자를 넣어줌으로써, 해당 메서드는 인스턴스를 생성한 후 해당 인스턴스에서 사용할 수 있게 됩니다.

이렇게 간단히 클래스를 이용하는 방법에 대해 알아봤습니다. 이제 이 객체, 클래스를 이용한 객체지향 프로그래밍이 어떤 이점이 있는지 알아봅시다.

| Object-Oriented Programming |

왜 객체지향 프로그래밍을 사용할까?

객체는 프로그램을 논리적으로 구성하고 문제를 해결하기 위한 강력한 도구로 작용합니다. 객체지향 프로그래밍은 이러한 객체의 개념을 기반으로 코드를 작성하며, 현실 세계의 복잡한 문제를 보다 효과적으로 해결할 수 있는 프로그래밍 패러다임을 제공합니다. 객체는 데이터와 행동을 하나로 묶어 유기적으로 관리함으로써 코드의 가독성과 유지·보수성을 높이고, 프로그램의 구조를 단순화하는 핵심 개념으로 작용합니다. 다시 정리하자면 다음과 같습니다.

- **모듈화와 재사용성**

  클래스는 코드를 모듈화하고 재사용 가능한 단위로 만들어줍니다.

- **유지보수 용이성**

  변경이나 확장이 필요할 때 해당 클래스만 수정하면 되므로 유지보수가 쉽습니다.

- **코드 가독성**

  객체지향 프로그래밍은 현실 세계의 모델을 따르기 때문에 코드가 직관적이며 가독성이 좋습니다.

현실과 OOP

특히 우리 현실과 맞닿아 있는 부분이 객체지향 프로그래밍의 장점을 더욱 돋보이게 합니다. 예를 들어 아래와 같이 고양이 세 마리가 있습니다.

젤리, 1살, 갈색

빈, 3살, 회색

마루, 2살, 흰색

위와 같이 서로의 모습이 다 다릅니다. 하지만 고양이라는 종은 똑같습니다. 마찬가지로 이러한 특징을 이용해 객체로 나타낼 수 있습니다.

객체=고양이	이름	나이	색깔
	젤리	1살	갈색
	빈	3살	회색
	마루	2살	흰색

이렇게 객체지향 프로그래밍은 현실과 맞닿은 현상, 물체들을 컴퓨터로 조작할 수 있게 도와줍니다. 현실에 프로그래밍을 적용해 솔루션을 개발할 수 있게 만드는 강력한 패러다임이 되었죠. 귀여운 고양이를 통해 이해가 되셨나요? 그러면 이제 OOP의 특징에 대해 알아봅시다.

OOP의 특징

추상화(Abstraction)

추상화는 복잡한 현실 세계를 단순화하여 필요한 부분만을 표현하고 나머지는 감추는 프로그래밍 개념입니다. 이는 클래스에서의 속성(attribute)과 메서드(method)를 통해 구현됩니다. 예를 들어, 이전에 구현했던 자동차를 모델링하는 클래스 Car에서는 색상, 속도, 주행 메서드 등을 정의하여 자동차의 핵심 특성과 동작에 중점을 두었습니다. 즉, 색상이라는 핵심 속성과 주행이라는 핵심 동작을 간단하게 표현합니다.

상속(Inheritance)과 다형성

상속은 기존 클래스의 특성을 그대로 가져와 새로운 클래스를 만드는 개념으로, 코드의 재사용성을 높이고 계층 구조를 구성하는 데 사용됩니다. 부모 클래스(기본 클래스)의 속성과 메서드를 자식 클래스(파생 클래스)가 상속받아 사용할 수 있습니다.

다형성은 같은 이름의 메서드나 연산자가 다양한 형태로 동작할 수 있는 능력을 나타냅니다. 다형성은 상속과 연동하여 사용되어 여러 클래스에서 동일한 메서드명을 사용하면서 각각의 클래스에 맞게 재정의할 수 있습니다.

다음은 상속과 다형성을 모두 보여주는 예시입니다.

Line class-animal.py

```python
class Animal:
    def __init__(self, name):
        self.name = name

    def speak(self):
        pass  # 추상 메서드, 자식 클래스에서 구현

class Dog(Animal):
    def speak(self):
        return f"{self.name} says Woof!"

class Cat(Animal):
    def speak(self):
        return f"{self.name} says Meow!"
```

위의 코드에서 Animal 클래스는 동물의 추상화를 제공하며, Dog와 Cat클래스는 Animal 클래스를 상속받아 동물의 특성을 유지하면서 각각의 특별한 메서드를 구현합니다.
그리고 Animal 클래스의 speak 메서드는 추상 메서드로 정의되어 있습니다. 이 메서드를

Dog와 Cat 클래스에서 각각 오버라이드함으로써 다형성을 구현합니다. 이제 다형성을 활용하여 speak 메서드를 호출해보겠습니다.

Line **class-animal-usage.py**

```
1 ...(이전 코드에 이어)...
2 # 다형성을 활용한 메서드 호출
3 dog_instance = Dog("Buddy")
4 cat_instance = Cat("Whiskers")
5
6 print(dog_instance.speak())
7 print(cat_instance.speak())
```

실행 결과

```
Buddy says Woof!
Whiskers says Meow!
```

이처럼 동물의 특성을 정의한 Animal 클래스에서 이름이라는 속성을 상속받아, Line 3-4처럼 바로 Dog("이름"), Cat("이름")으로 각 Dog와 Cat의 인스턴스를 생성할 수 있습니다. 이런 특성이 상속이며, speak이라는 추상 메서드도 상속받을 수 있었죠.

또한 speak 메서드는 각 Dog와 Cat 클래스 정의에서 다르게 설정해준 덕분에 개는 'Woof'를, 고양이는 'Meow'를 출력하도록 했습니다. 메서드의 이름과 역할은 똑같지만, 결과는 클래스에 따라 달라지는 이러한 특성을 다형성이라 부릅니다. 객체지향 프로그래밍은 이처럼 추상화와 더불어 상속, 다형성까지 갖추어 현대의 훌륭한 프로그래밍 패러다임을 이끌어 왔습니다.

맺음말

'창의적 컴퓨팅'의 끝에 도달했습니다! 여러분은 지금까지 엔트리 블록 코딩으로 시작한 컴퓨팅적 사고를 기반으로, 기본적인 파이썬 구조와 더불어 인스타그램 예제를 통해 실생활의 문제도 해결해보는 경험을 할 수 있었습니다. 3장 10절에서 나온 객체지향 프로그래밍과 관련하여 간단하게만 배워봤는데, 이 객체지향 프로그래밍은 정말 유용한 도구이므로 꼭 인터넷과 참고서 등을 통해 심화 학습을 하시기를 권장합니다. 단, 다른 학업과 병행하기에는 시간이 부족할 수 있을 경우 '창의적 프로그래밍' 강의를 통해 객체지향 프로그래밍에 대해서 자세히 배울 수 있을 것이기에 이에 대해 공부해 나가시기를 바랍니다.

창의적 컴퓨팅 [개정판]

한양대학교 소프트웨어교육위원회 편

펴낸날 2021년 2월 20일 초판 1쇄 ◉ 2024년 1월 30일 개정판 1쇄

펴낸이 이기정 ◉ **펴낸곳** 한양대학교출판부 ◉ **출판등록** 제4-7호(1972.2.29)

주소 서울 성동구 왕십리로 222 ◉ **전화** 02.2220.1432-4 ◉ **팩스** 02.2220.1435

홈페이지 press.hanyang.ac.kr ◉ **이메일** presshy@hanyang.ac.kr

표지 안광일 ◉ **본문디자인·편집** 김민지 ◉ **인쇄** 네오프린텍

값 **20,000**원

ISBN 978.89.7218.798.1 (93000)